나의 삶을 변화시키는 가장 좋은생각

예수님이라면

예수님이라면

초판 1쇄 발행 2020년 9월 25일

지은이 이보라
펴낸이 오형선

펴낸곳 돌아온탕자
출판등록 2009년 5월 1일 제25100-2009-000027
전화 070-8277-4048
팩스 02-6280-2964

전자우편 sunnbooks@naver.com
홈페이지 www.sunnbooks.com

 는 썬앤북스 의 기독교 서적을 전문으로 출판하는 브랜드입니다.
이 책은 저작권법에 따라 보호받는 저작물이므로 무단전재와 무단복제를 금지하며,
이 책 내용의 전부 또는 일부를 이용하려면 반드시 저작권자와 썬앤북스의 서면동의
를 받아야 합니다.

* 책값은 뒤표지에 있습니다.   * 잘못된 책은 구입하신 곳에서 바꿔드립니다.

썬앤북스(Sun&Books)는 독자 여러분의 책에 관한 아이디어와 원고 투고를 기다립니다. 책으로 엮기를 원하는 기획안이나 원고가 있으신 분은 이메일 sunnbooks@naver.com으로 간단한 개요와 취지, 연락처를 보내주세요. 저희의 문은 언제나 열려있습니다. 감사합니다.

차례

들어가는 글 · 10

01 회복시키시는 하나님

왜 이렇게 부족함 투성이일까요 · 14

이런 제 성격이 너무 싫어요 · 18

실패하면 어떡하죠 · 22

아무것도 하기 싫어요 · 26

내 삶의 주인은 누구일까요 · 30

왜 화가 날까요 · 34

행복해지고 싶어요 · 38

약점을 드러내고 싶지 않아요 · 42

02 꿈꾸게 하시는 하나님

어떤 일을 해야 할까요 · 48

꿈은 이루어질까요 • 52
하나님의 계획을 모르겠어요 • 56
몸만 힘들고 박봉이에요 • 60
준비기간이 너무 길어요 • 64
실력자들이 너무 많아요 • 68
경험과 스펙이 너무 없어요 • 72
힘들게 노력하기 싫어요 • 76
유명한 사람이 되면 도와줄래요 • 80
옛날로 돌아가고 싶어요 • 84

03 성장시키시는 하나님

이 직장을 계속 다니는 게 맞나요 • 90
볼품없는 직장이 너무 창피해요 • 94
저는 실수투성이에요 • 98
회사 다니는 게 너무 힘들어요 • 102
나도 대접받고 싶어요 • 106

차례

일 잘하는 선임 없이도 가능할까요 • 110

커피 타려고 입사한 건 아니라구요 • 114

열심히 하는 척만 해도 될까요 • 118

나에게도 좋은 날이 올까요 • 122

직장 동료와의 관계 때문에 고민이에요 • 126

04 부요하게 하시는 하나님

알바인생으로 살아가야 하나요 • 132

사고 싶은 게 너무 많아요 • 136

돈이 많았으면 달라졌을까요? • 140

헌금이요? 복받는다고 하니까 내는 거죠 • 144

죄송하지만 이것밖에 못 드려요 • 148

부자가 되면 천국에 못 가나요 • 152

돈을 벌어도 늘 부족한 이유가 뭘까요 • 156

받기만 하니까 너무 좋아요 • 160

돈 많이 벌면 그때 할게요 • 164

거룩한 부자가 되고 싶어요 • 168
내 것도 없는데 어떻게 베풀 수 있나요 • 172

05 만남을 예비하시는 하나님

제가 만나고 싶은 사람은요 • 178
저의 배우자가 맞나요? • 182
연애 경험이 풍부해야 좋은 사람을 만나죠 • 186
언제 만나게 해주실 거예요 • 190
주일마다 누굴 위해 치장하는 걸까요 • 194
그 사람의 단점만 보여요 • 198
사랑이 변할까봐 두려워요 • 202
꼭 결혼을 해야 하나요? • 206
우린 너무 달라요 • 210
아이를 꼭 낳아야 할까요? • 214
평~생을 같이 살아야 해요? • 218

차례

06 화목하게 하시는 하나님

하나님을 믿지 않아도 잘만 살아요 • 224

용서가 쉽게 안 돼요 • 228

내가 상처주는 사람이었다고요? • 232

저 사람은 축복받을 자격이 안 되는데요 • 236

잘해 주고 싶지만, 쉽게 안 돼요 • 240

나는 뭘 해도 괜찮죠 • 244

나만 손해예요 • 248

난 그저, 도움을 주고 싶었을 뿐이에요 • 252

자꾸 사람을 의지하게 돼요 • 256

불의에 맞설 용기가 없어요 • 260

저도 강해지고 싶어요 • 264

07 믿음을 성장시키시는 하나님

하나님이 벌주시는 건가봐요 • 270

하나님을 믿으면 달라질 줄 알았어요 • 274

하나님을 믿지만 너무 창피해요 • 278

매일 말씀묵상 = 매번 작심삼일 • 282

말씀에 집중할 수가 없어요 • 286

하나님이 알려주시면 안 되나요 • 290

진짜 사랑하는지 모르겠어요 • 294

하나님을 위해 목숨을 버릴 수 있을까요 • 298

은혜가 충만했다가도 돌아서면 시험들어요 • 302

이런 내 모습, 괜찮을까요 • 306

친구들은 교회 다녀도 주일에 놀러가던데요 • 310

왜 이단에 빠질까요 • 314

■ 들어가는 글

하나님을 믿는 사람은 기쁨과 감사가 넘치는 삶을 살아야 한다고 합니다. 그러나 저는 그렇게 살지 못하고 있었습니다. 신앙생활은 꾸준히 해왔지만 마음에는 걱정과 근심으로 가득했고, 미래에 대한 자신도 없었으며 삶은 그저 지치고 힘들게 느껴졌습니다. 그렇게 20대의 중반을 지날 무렵 '행복한 삶을 살려면 어떻게 해야 할까?'라는 고민을 하게 되었고, 점차 나의 삶의 목적과 이유에 대한 물음을 하나님의 관점에서 생각하게 되었습니다.

책을 쓰게 되면서 본격적으로 삶속에서 생기는 걱정거리와 물음에 대한 하나님의 뜻을 발견하기 위해 기도하며 말씀을 보기 시작했습니다. 이렇게 시작하여 만들어진 이 책에는 수많은 고민과 걱정으로 둘러쌓여 있는 지극히 평범한 보통의 삶이 특별해지고 감사가 넘치는 삶으로 변화하는 모습들이 담겨졌습니다.

보잘것없고 부족함 많은 저의 삶은 하나님의 뜻을 발견하며 알아가는 과정을 통해 누구보다 특별하고 감사한 삶이 되었고, 더불어 저의 삶을 통한 하나님의 일하심을 경험하며 살고 있습니다. 책의 메시지가 모두에게 완벽한 정답이 될 순 없겠지만, 저에게 주셨던 하나님의 은혜만큼은 책을 읽는 모든 분들에게 임하길 기도합니다. 또한 고민과 근심, 고난의 연속인 삶 가운데 하나님이 주시는 귀한 축복의 메시지를 찾는 시간이 되고, 이를 통해 하나님의 역사하심을 경험하는 축복의 통로가 되길 간절히 소망합니다.

마지막으로, 세상의 언어로 다할 수 없는 이 감사함을 어찌 표현해야 할지 모르게 만드신 나의 하나님, 그저 나의 모든 삶이 당신의 나라와 의를 위해 살아내길 원하는 마음을 담아 모든 영광을 올려드립니다.

1장

회복시키시는 하나님

왜 이렇게 부족함 투성이일까요

누구나 완벽한 사람은 없습니다. 아무리 성공한 사람이라고 해도 부족한 면이 있기 마련입니다. 그런데 저는 나의 단점만 보며 '부족함 투성이'라고 만들어 버렸습니다.

그 부족함 때문에, 꿈을 이루어 낼 자신이 없었고, 무슨 일을 해도 흐지부지 될 것 같았습니다. 점점 도전할 수 있는 용기가 없어졌고 꿈을 위한 노력도 하지 않으면서 마냥 시간을 흘려보냈습니다.

생각해보면 나는 그 부족함을 아주 큰 문제로 여겼던 것 같습니다. 하나님께서 주신 많은 장점들도 있었는데 그건 보지 않고 몇 가지 단점만 바라보며 나 자신을 위축시키고 있었던 것이었습니다.

하나님께서 나를 부족하게 하신 것은 그것을 통해서 하나님을 의지하기 원하셨던 것이지, 나 자신을 표현하는 완전체로 만들라고 하신 것이 아니었습니다.

사람은 연약할 수밖에 없는 존재입니다. 완전했다면 하나님이 계실 이유가 없을 테니까요.

이제는 더 이상 나의 부족함을 부정적으로 바라보지 않습니다. 오히려 이 부족함을 통해 하나님께 나아갈 수 있는 이 삶을 감사하게 되었으니까요.

"넌 누구보다 완벽하고 아름다운 아이란다. 내가 남겨둔 저 조그만 흠집은 네가 이 세상을 살면서 나를 잊지 않고 의지할 수 있는 천국의 열쇠가 되어줄 거란다."

나에게 이르시기를 내 은혜가 네게 족하도다
이는 내 능력이 약한 데서 온전하여 짐이라 하신지라
그러므로 도리어 크게 기뻐함으로 나의 여러 약한 것들에 대하여
자랑하리니 이는 그리스도의 능력이 내게 머물게 하려 함이라

– 고린도후서 12장 9절 –

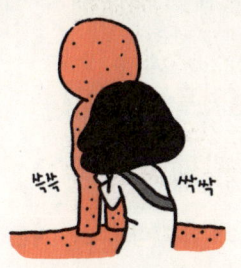

이제 다 되었다!! ☺

어! 잠깐만요~
저기 조그만
홈집이 남아 있어요!

아니다. 이 아이는 완벽하고 아름다운 작품이다.
내가 남겨둔 저 조그만 홈집은 이 아이가 세상을 살면서
나를 잊지않고 의지할 수 있는 천국의 열쇠가 되어줄 거란다.

이런 제 성격이 너무 싫어요

결정장애, 주저함, 내성적, 소심함 그리고 낮은 자존감. 모두 제가 싫어하는 제 성격을 표현하는 단어들입니다. 계속 고쳐야 한다는 생각에 노력했지만 그럴수록 좌절감만 더 커져갔습니다.

그러던 중 저의 관점이 잘못되어 있음을 깨닫게 되었습니다. 단점도 관점을 달리하면 그 속에서 장점을 발견할 수 있다는 사실을 알게 되었거든요.

결정장애가 있지만 꼼꼼한 비교분석으로 좋은 결과를 얻은 적이 많았고, 주저했더라도 하기 시작하면 끝까지 해내는 인내심이 있고, 내성적이라 말주변이 없지만 말의 실수가 적어 원만한 대인관계를 유지했습니다.

누구나 태어날 때부터 하나님께서 주신 성격과 기질이 있는데 그로 인해 나 자신을 미워하고 있었으니, 나의 부모되신 주님께선 얼마나 마음이 아프셨을까 하는 생각이 듭니다.

이제는 내가 미워하는 나의 모습까지 사랑하는 방법을 알게 하신 하나님의 은혜로 인하여 나는 오늘도 단점 속에 숨겨진 좋은 나를 발견하길 기대합니다.

"네가 생각하는 관점을 변화시켜 보렴.
전에는 보이지 않던
너의 새로운 모습에 감사하게 될 거야."

육신의 생각은 사망이요
영의 생각은 생명과 평안이니라

– 로마서 8장 6절 –

실패하면 어떡하죠

세상에 실패를 즐겨할 사람은 아무도 없을 것입니다. 쓰디쓴 아픔을 맛보고 벼랑 끝에 선 기분, 우리 모두가 두려워하는 결과일지 모릅니다.

저 또한 실패가 두려운 사람 중 한 사람입니다. 실패하지 않아야 한다는 강박으로 '내가 잘할 수 있을까' 하는 두려움에 가로막혀 도전의 기회를 늘 회피하려 했습니다.

그럼에도 불구하고 하나님께서는 나에게 끊임없는 도전을 하게 하셨습니다. 결과에 상관없이 값진 경험을 얻게 하셨고, 도전을 통해 성장하게 하셨습니다.

실패에 대한 두려움은 하나님께서 내게 주신 성장의 기회를 놓치게 만드는 주범입니다. 그래서 두려움이 느껴질 땐, 제일 먼저 '두려워하지 말라'는 하나님의 말씀을 믿음으로 받아드립니다.

애굽으로 내려가길 두려워했던 아브라함이, '두려워하지 말라'는
말씀을 믿음으로 축복을 놓치지 않았던 것처럼 말입니다.

"실패가 두렵지 않은 사람은 없단다.
그러나 실패가 곧 성장의 기회였다는 것을 깨
닫는 순간이 오게 될 거야. 그러니 내가 주는
복된 기회를 놓치지 말고 꼭 잡고 이겨내렴!"

하나님이 이르시되 나는 하나님이라 네 아버지의 하나님이니
애굽으로 내려가기를 두려워하지 말라
내가 거기서 너로 큰 민족을 이루게 하리라

- 창세기 46장 3절 -

아무것도 하기 싫어요

일상 생활을 하면서 일에 치여 지치거나, 때로는 삶이 무료하게 느껴질 때가 종종 있습니다. 점점 아무것도 하기 싫어지고, 곧 우울해진 감정에 휩싸여 결국엔 나라는 존재를 저 바닥으로 내동댕이 쳐 버립니다.

무기력은 점점 빠져드는 늪 같아서 모든 소망을 사라지게 만듭니다. 하나님의 말씀을 듣거나 기도를 하는 것도 힘이 듭니다.

그래도 빠져나올 수 있는 길은 오직 하나님뿐인 것을 알기에, 금방이라도 깨질 것 같은 나약한 소망이라도 붙들고 하나님을 찾아야 했습니다. 늪에서 빠져나오려는 조금의 시도조차 없다면 하나님께서는 나를 위한 어떤 일도 하실 수가 없기 때문입니다.

나약하지만 간절했던 나의 기도에 기다렸다는 듯 내 손을 잡아 어둠의 늪에서 생명으로 이끄시는 하나님께서는 내가 이 땅에서 살아가야 하는 이유와 목적을 다시 생각나게 하셨습니다.

내가 무기력에서 벗어나는 방법은 하나님을 향하여 소리치는 "도와주세요"라는 작은 움직임으로부터 시작합니다. 그 분은 나의 작은 음성도 들으시며, 내게 새 소망을 주기 위해 항상 기다리고 계시기 때문입니다.

> "아이야, 삶에 치여 무기력의 늪에 빠질 때면 언제나 너를 향해 손 내밀고 있는 내가 있음을 기억하렴."

내 영혼아 네가 어찌하여 낙심하며 어찌하여
내 속에서 불안해 하는가 너는 하나님께 소망을 두라
그가 나타나 도우심으로 말미암아
내가 여전히 찬송하리로다

– 시편 42장 5절 –

내 삶의 주인은 누구일까요

제가 하는 선택의 기준은 항상 나보다 남의 시선이 먼저였고, 선택의 순간에는 내가 원하는 것보다 남이 원하는 기준에 맞추어 결정했습니다. 왜냐하면 나의 선택의 결과에 따른 남의 판단을 걱정했기 때문입니다.

그러다보니 진짜 내가 원하는 것, 내가 좋아하는 것이 무엇인가 질문을 받을 때면 대답할 수가 없었습니다. 내 인생을 살고 있지만 온전한 나의 삶이 아닌 남들의 판단과 시선에 맞추어진 가짜 삶을 살고 있었기 때문입니다.

인생은 선택의 기회가 매 순간 있습니다. 하나님은 내게 주신 선택의 권리를 제대로 누리고 살기를 원하셨기에 나에게 자유라는 선물을 주신 것입니다.

이제는 다른 이들에게 내 삶의 선택권을 넘겨주지 않으려 합니다. 내 삶의 방향을 인도하시고 계획하시는 건 오직 하나님 한 분이시니까요.

"다른 이들의 시선에 맞춘 삶이 아닌
네 인생의 방향을 인도하는 나의 기준에 맞춘
삶을 살아가렴. 이는 곧 네가 가장 돋보이는
주인공이 되는 삶이란다."

야곱아 너를 창조하신 여호와께서 지금 말씀하시느니라
이스라엘아 너를 지으신 이가 말씀하시느니라 너는 두려워하지 말라
내가 너를 구속하였고 내가 너를 지명하여 불렀나니 너는 내 것이라

– 이사야 43장 1절 –

왜 화가 날까요

잘못인 걸 알면서도 고쳐지지 않는 습관들이 있습니다.
이런 습관이 저에게도 몇 가지 있었는데 그중 하나가 시간 약속을 지키지 못하는 것이었습니다.

약속에 늦어 사람들에게 핀잔을 듣기라도 하면 마음속에서는 불같이 화가 치밀어 올랐습니다. 약속을 지키지 못하고 핑계만 대는 나에게 화가 났고, 사람들에게 지적을 받아 자존심이 상했습니다.

타인에게 듣는 지적과 핀잔이 기분 좋게 들릴 수 없는 것이 당연합니다. 그러나 누군가의 지적이나 훈계가 없었다면 나는 잘못된 습관을 고칠 생각도, 고치려 하는 시도도 하지 않았을 겁니다. 더불어 하나님께서는 타인의 말로 인하여 상한 나의 마음만큼, 나의 잘못된 행실로 인하여 마음이 상한 타인의 모습도 볼 수 있게 하셨습니다.

지금도 뼈아픈 조언과 훈계를 듣거나, 지적을 들을 때가 있습니다. 그러나 이제 화내고 자존심 상해하기보다 나를 변화시키길 원하시는 하나님의 마음을 보려합니다. 그 사랑의 훈계는 내가 하나님 앞에, 이웃 앞에 칭찬받는 자로 거듭나는 좋은 기회임을 깨달았기 때문입니다.

"네가 훈계를 감사함으로 받아야 하는 이유는 모든 곳에서 네가 나의 기쁨이고 자랑이 되길 원하기 때문이란다."

이로써 그리스도를 섬기는 자는 하나님을 기쁘시게 하며
사람에게도 칭찬을 받느니라
그러므로 우리가 화평의 일과 서로 덕을 세우는 일을 힘쓰나니

- 로마서 14장 18~19절 -

행복해지고 싶어요

행복한 삶을 살고 싶었습니다. 물질이 많거나 또는 명예와 권세가 있어서가 아닌 그냥 행복한 삶을 살고 싶었습니다. 그래서 주변 사람과 환경의 변화를 바라며 살아왔지만 행복은 도무지 가까워질 기미가 보이지 않았습니다.

이제와 보니 행복은 주변의 변화에 의해 만들어지는 것이 아니었습니다. 바로 나 자신의 마음이 감사로 가득할 때 진정한 행복을 느낄 수 있는 것임을 알게 되었습니다.

감사가 없는 가운데 행복하기를 바랄 땐, 조금만 근심과 걱정이 오면 그 순간들은 금새 불행한 순간이 되어 버렸습니다. 하지만 삶을 감사로 가득 채우고 보니 걱정과 근심이 와도 더 이상 불행의 순간이 아니었습니다.

삶은 끊임없는 수고와 근심과 고난의 연속이며, 이러한 모든 순간을 감사해야 하는 것이 내가 행복해지는 방법이었습니다.

행복을 느낄 수 있는 감사의 환경을 만들고, 행복이 꽃을 피울 수 있는 감사의 씨앗을 마음에 심는 것. 이렇게 감사의 끈을 꼭 붙잡고 놓지 않을 때 앞으로 나의 삶은 행복으로 가득할 것이라 믿습니다.

"행복을 찾기 위해 헤매지 않아도 된단다.
네 마음에는 이미 행복의 꽃을 피울 수 있는
씨앗이 심겨져 있으니 매일
감사의 물을 주는 것만 잊지 마렴."

항상 기뻐하라 쉬지 말고 기도하라 범사에 감사하라
이는 그리스도 예수 안에서 너희를 향하신
하나님의 뜻이니라

- 데살로니가전서 5장 16~18절 -

약점을 드러내고 싶지 않아요

누군가가 나의 약점을 지적하거나 예기치 못한 상황에서 나의 약함이 드러날 때면 마음속은 엉망진창이 되기 시작합니다. 숨기고 싶었던 비밀이 들춰져 최악의 상태이지만 아무렇지 않은 척 나를 포장하기 시작합니다.

최대한 약점을 드러내지 않기 위해 날마다 다짐했습니다. 하지만 다짐도 잠시, 얼마 후 약점은 다시 드러나고 맙니다. 그럴 때면 감정을 조절하기가 힘들어졌고, 나의 마음은 언제 터질지 모르는 시한폭탄과 같았습니다.

하나님은 이런 나를 위해 특단의 조치를 취하셨습니다. 나의 모습을 있는 그대로 사랑해 줄 수 있는 사람들을 만나게 하신 것입니다. 그리고 나를 안타까워 하시고 지키기 원하시는 하나님의 은혜와 사랑을 매 순간 깨닫게 하셨습니다.

'사랑은 어떠한 허물도 덮는다'는 말씀이 있습니다. 저는 지금도 그 사랑의 힘을 경험하고 있기에 이 말씀을 믿어 의심치 않습니다. 가끔 마음이 시한폭탄처럼 변할 때면 나의 어떤 모습도 이해해주는 무조건적인 사랑이 다가와 마음속 폭탄의 불씨를 단번에 덮어버리니까요.

"감추고 싶은 것이 드러났다고 해서 힘들어 말아라. 너의 있는 그대로를 사랑하고 아껴주는 이들을 내가 보내 주었고, 세상 누구보다 너를 사랑하는 내가 있으니."

미움은 다툼을 일으켜도
사랑은 모든 허물을 가리느니라

- 잠언 10장 12절 -

2장

꿈꾸게 하시는 하나님

어떤 일을 해야 할까요

우리는 어릴 적부터 꿈에 대한 질문을 계속 받으며 살고, 그 대답을 찾기 위해 끊임없이 고민합니다. 앞으로 살아갈 인생의 목적과 이유에 대한 동기를 부여해주는 중요한 질문이기 때문입니다.

직업을 선택할 때 돈을 잘 벌고 유명한 회사를 기준으로 삼을 수도 있었지만 하나님께서는 말씀이 기준이 되길 원하셨습니다. 이후 하나님의 뜻을 기준으로 꿈을 꾸게 되었고, 지금 내가 하고 싶은 일이 하나님이 보시기에 기뻐하실 일인지, 이 일을 했을 때 행복하고 보람을 느낄 수 있는지에 대한 질문을 하게 되었습니다.

하나님의 시선으로 품고 답을 찾다보니 특별한 공통점을 발견했습니다. 그것은 바로, 우리가 꿈꾸는 직업은 다른 이들에게 무언가를 베풀어 준다는 것입니다. 음식, 서비스, 건강, 교육 등 모든 직업에는 남을 유익하게 하는 베풂이 있고, 그 베풂은 곧 나의 존재 이유를 증명해주고 행복과 보람이 넘치는 삶을 살게 한다는 것입니다.

하나님께서는 내가 하는 일을 통해 하나님의 온전하신 뜻을 이루길 원하셨습니다. 또한 세상의 그릇된 모습을 본받지 않고, 주님이 기뻐하시는 일을 잘 분별하여 이 세대에 선한 영향력을 끼치는 그리스도인이 되길 원하셨습니다.

하나님께서는 우리 각자에게 분명한 계획이 있으십니다. 세상이 중요하게 생각하는 기준을 벗어나면 하나님의 기준점이 보이기 시작하고, 그 기준점에서 품은 꿈은 어떤 것이든 하나님이 기뻐하실 것이라고 믿습니다.

"세상으로 향하는 시선을 돌려
나의 시선으로 바라보렴.
나와 같은 길을 바라볼 때 내가 예비한
너의 꿈을 찾게 될 거야."

모든 기도와 간구를 하되 항상 성령 안에서 기도하고
이를 위하여 깨어 구하기를 항상 힘쓰며 여러 성도를 위하여 구하라

– 에베소서 6장 18절 –

꿈은 이루어질까요

크리스천이라면 꿈을 정할 때 말씀과 기도는 꼭 필요한 과정일 것입니다. 저 역시 꿈의 방향을 정하기 위해 하나님께 기도를 하고 있던 중, 이전에도 없었던 평안함이 느껴지며 '이거다!' 하는 확신이 든 적이 있었습니다.

하지만 몇 년이 흘러도 제자리에 머물고 있는 저의 모습을 마주할 때마다 확신과 평안함은 점점 사라져 갔습니다. 꿈이 이루어지기까지 한치 앞도 볼 수 없는 긴 과정 속에 꿈을 이룰 수 있을지에 대한 의심이 생겼고, 이대로는 아무것도 이루지 못할 것 같은 마음이 끊임없이 밀려왔기 때문입니다.

이러한 마음은 나의 변함없는 환경을 바라보면서부터 시작되었습니다. 믿음이 흔들려 꿈에 대한 불안한 마음이 생길 때면 할 수 있는 건 기도밖에 없었습니다. 그러면 신기하게도 평안한 마음을 주셨고, '할 수 있다'는 믿음의 선포를 하게 하셨습니다.

기도에는 분명히 힘과 능력이 있습니다. 저에게 있어 기도는 매 순간 틈타려는 의심과 불안함을 물리치기 위한 유일하고도 강력한 방법이었고, 확신에 찬 마음으로 선포할 수 있는 힘을 얻을 수 있는 통로였습니다.

이젠 볼 수 없는 나의 미래에 대한 의심은 뒤로 하고, 오직 기도와 선포로 매일 이기는 삶을 살아가길 소망합니다. 언젠가는 꼭 꿈이 이루어질 것이란 믿음의 선포만 있다면 하나님께서는 반드시 이루어 주실 것을 믿습니다.

"제자리 걸음이라고 느껴지겠지만 지금도 성장하고 있는 중이란다. 그러니 볼 수 없는 미래에 대한 의심은 뒤로 하고, 꿈이 이루어질 것을 믿음으로 확신하며 선포하렴."

평안을 너희에게 끼치노니 곧 나의 평안을 너희에게 주노라
내가 너희에게 주는 것은 세상이 주는 것과 같지 아니하니라
너희는 마음에 근심하지도 말고 두려워하지도 말라

- 요한복음 14장 27절 -

하나님의 계획을 모르겠어요

대학시절, 이루고 싶은 꿈에 대한 기도제목 카드를 만든 적이 있습니다. 카드에는 앞으로 어떤 일을 하고 어떻게 살아갈지를 자세하게 적어 놓았고, 이를 이루기 위한 계획들도 세워 놓았습니다.

그러나 시간이 지날수록 이루어질 기미는 안 보였고, 계획은 조금씩 바뀌기 시작했습니다. 나의 상황과 비슷한 꿈이나 이룰 수 있는 확률이 높은 방향으로 바뀌기 시작했고, 시간이 흐를수록 이전 기도제목들은 점점 잊혀져 갔습니다.

그러다 목사님을 통해 10년 전 썼던 기도제목 카드를 우연히 보게 되었습니다. 놀랍게도 지금 하고 있는 일이 10년 전 기도제목과 같았습니다. 그리고 깨달았습니다. 내가 잊어버리고 있어도 하나님께서 예정하셨던 계획이라면 나에게 가장 알맞은 때에 꼭 이루신다는 것을요.

매년 이때쯤엔 이 정도를 이루고 이때까지 몇 가지를 꼭 하겠다는 계획을 세우지만, 하나님께서는 내가 감당할 수 있을 '때'와 해낼 수 있는 '역량'에 따라 나를 향한 당신의 계획을 이루어 가셨습니다.

지금도 저는 꿈을 이루기 위해 해마다 계획을 세웁니다. 주님의 계획보다 마음만 앞서고 있을 때도 있지만 저는 믿습니다. 하나님께서 원하시는 아주 적당하고 좋은 때에 나를 향하신 하나님의 계획을 이루실 것을요.

"보이지 않는 미래에 내가 듣지 않았을 거라고 생각했겠지만, 사실 난 네가 감당할 수 있는 때와 해낼 수 있는 역량이 될 때를 기다렸단다. 불완전했던 계획이 완전해지는 때를!"

사람이 마음으로 계획할지라도
그 걸음을 인도하는 자는 여호와시니라

- 잠언 16장 9절 -

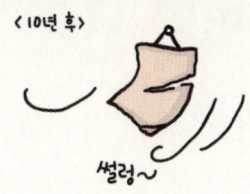
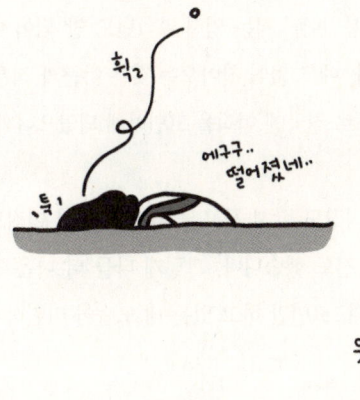

몸만 힘들고 박봉이에요

제가 디자인을 한다고 하면 이런 말을 많이 듣곤 했습니다. "디자인 업은 몸만 힘들고 박봉이야." 저는 입사 후 1년도 안 되어 이 말에 공감할 수 있었습니다. 예고 없이 찾아오는 잦은 야근과 적은 월급, 업무로 인한 스트레스로 결국엔 이직을 고민하게 되었으니까요.

주변 사람들을 보면 직장도 잘 바꾸고, 월급이 적으면 이직도 잘하고, 새로운 분야에 도전도 했습니다. 그렇게 다들 더 나은 길을 찾아 떠나는 모습을 보니, 고민만 하고 있는 내 모습이 미련하게 느껴졌습니다.

그러나 지금, 저는 10년 전 입사한 회사의 일과 같은 일을 하고 있습니다. 주변 사람들 말처럼 여전히 돈도 많이 못 벌고, 밤샘 작업에 몸도 힘들지만 그때 그만두지 않길 참 잘했다고 생각합니다. 10년 전보다 이루고 싶은 꿈에 더 가까워졌기 때문입니다.

돈을 버는 것이 목적이었다면 다른 길을 찾아 쉽게 떠났을지도 모릅니다. 그러나 하나님의 일이 목적이 되니, 나의 뜻보다는 하나님의 뜻을 먼저 생각하게 하셨습니다.

만약 그때 견디지 못하고 다른 길을 찾아갔다면 지금의 저는 없을 것입니다. 그래서 지난날의 힘듦과 수고가 저에겐 하나님의 은혜입니다. 아마 앞으로도 몸만 힘들고 박봉인 이 일을 관둘 것 같진 않습니다. 왜냐하면 저에게 품게 하신 하나님의 꿈을 이루는 것이 제일 중요하기 때문입니다.

"너를 향한 나의 계획을 믿음으로 나아가렴.
세상을 바라보면 자꾸만 너가 모든 것을
포기하고 싶게 만들거든."

나의 가는 길을 오직 그가 아시나니
그가 나를 단련하신 후에는
내가 정금같이 나오리라

- 욥기 23장 10절 -

준비기간이 너무 길어요

어떤 일을 시작하기 전에는 사전준비가 필요합니다. 충분한 준비가 있어야 좋은 결과가 나올 수 있기 때문입니다. 그런데 제가 했던 사전준비는 조금 달랐습니다.

일을 시작하려면 이것저것 준비하는 시간만 한참입니다. 일을 시작하기도 전에 사사로운 준비시간이 많아지면서 이미 많은 에너지를 소모하게 됩니다. 결국엔 시간의 여유까지 없어져 몸을 혹사시키기 일쑤였습니다. 그리고 작업은 당연히 아쉬움으로 가득했습니다.

계속 생각만 하며 아무것도 하지 않으니 아무일도 일어나지 않았습니다. 일을 해야 결과가 있고 결과가 있으면 좋은 피드백도 받을 수 있어 이에 따라 완성도도 높아지고, 이것이 많아지면 자연스레 꿈까지의 거리도 조금씩 좁혀갈 수 있게 될텐데 말입니다.

하나님은 부족하더라도 행하여 결과를 보여드리는 나를 기다리셨습니다. 행함이 없으면 죽은 믿음이라 하셨듯이 꿈 역시 행함이 없으면 죽은 꿈이 돼버리고 마니까요.

"부족하더라도 행함이 있어야 꿈에 가까워질 수 있단다. 이제 기나긴 준비는 그만두고 결과가 있는 진짜 일을 시작하자, 바로 지금!^^"

영혼 없는 몸이 죽은 것 같이
행함이 없는 믿음은 죽은 것이니라.

- 야고보서 2장 26절 -

실력자들이 너무 많아요

저는 현재 인스타그램을 통해 기독교 일러스트와 묵상 만화를 연재하고 있습니다. 작업을 올리다보면 종종 다른 동업자들의 작품을 보기도 하는데, 그들의 훌륭한 실력에 그나마 조금 있던 자신감이 뚝 떨어지고 맙니다.

그리고 내가 들어갈 자리까지 빼앗기는 느낌마저 듭니다. '난 그들의 실력까지 되려면 한참은 더 있어야 할 것 같은데, 이렇게 실력자들이 많으니 내가 아무리 발버둥을 쳐봤자 소용 없겠구나' 하면서 말이죠.

저는 저도 모르는 사이에 하나님의 무한하신 능력을 제한하고 있었습니다. 또한 내가 쓰임받을 자리가 없어질 것에 대한 잘못된 착각을 하며 그들을 동역자가 아닌 경쟁자로 여기고 있었던 것입니다.

이제는, 한 발 앞선 동역자를 보며 위축되고 자신 없어 하기보다 하나님께서 그들을 통해 나의 성장을 위한 배움의 기회를 주신 것이라 믿고 감사를 드립니다.

또한 나도 이미 쓰임 받고 있음을 믿으며, 앞으로도 나를 사용하실 하나님의 무한하신 능력을 믿음으로 나아갈 것입니다.

"나를 위해 꿈을 꾸고 있하는 자들은 경쟁상대가 아닌 함께 가야 할 좋은 동역자들 이란다. 그리고 너와 같은 꿈을 가진 이들을 위한 자리는 항상 넘치도록 준비되어 있단다."

우리가 알거니와 하나님을 사랑하는 자 곧 그의 뜻대로 부르심을 입은 자들에게는 모든 것이 합력하여 선을 이루느니라

- 로마서 8장 28절 -

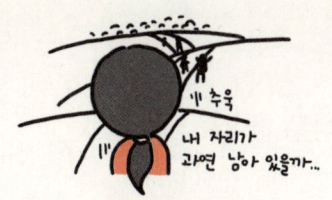

경험과 스펙이 너무 없어요

화려한 스펙이나 경험, 이런 건 전혀 찾아볼 수 없는 그냥 보통사람 집순이였습니다. 가끔 전시회에 가는 것 몇 번이 전부였는데, 가봤자 무슨 의미인지도 몰라 남는 것 하나 없는 전시가 태반이었습니다. 디자인을 공부하겠다고 구입한 책들은 책장의 장식품에 불과했습니다.

화려한 스펙과 경험을 가진 사람들을 보며 앞날을 걱정했고, 아무것도 없는 내 모습에 불안해하며 자신감을 잃어갔습니다.

그래도 지금까지 놓치지 않았던 것이 있다면, 꿈을 향한 꾸준함과 주일예배였습니다. 디자인 일이 힘들어 그만두고 싶을 때도 끝까지 놓지 않고, 느릿느릿해도 이루어질 것을 믿으며 주어진 일에 최선을 다했습니다. 이러했던 20대가 있었기에 보다 더 발전한 지금이 있는 것이라는 생각이 듭니다.

세상은 나에게 화려한 경험과 스펙을 요구하지만 하나님은 나에게 당신이 인정하는 스펙과 경험을 요구하십니다. 인내의 기도와 예배, 그리고 꾸준함 말입니다. 앞으로도 하나님이 원하시는 스펙을 잘 쌓아가는 내가 되길 잊지 말아야겠습니다.

"세상이 인정하는 스펙을 쌓지 못했다며 낙심하지 말고, 나 여호와가 인정하는 스펙을 쌓으렴. 나의 안에 거하며 너의 꿈을 위해 꾸준히 나아가는 것. 이것이 내가 너에게 요구하는 스펙이란다."

너희가 내 안에 거하고 내 말이 너희 안에 거하면
무엇이든지 원하는 대로 구하라 그리하면 이루리라

- 요한복음 15장 7절 -

힘들게 노력하기 싫어요

꿈을 위한 발을 내딛기 시작하면서부터, 편안함을 즐기는 하루와 꿈을 위해 노력하는 하루 중 어떤 하루를 선택할지 매 순간 결정해야 했습니다.

저는 꿈을 위한 노력보다는 편안함을 선택할 때가 많았습니다. 어떻게든 되겠지라는 마음으로 매번 쉬고 싶은 유혹에 넘어가고, 머리를 쓰는 일은 생각하기도 싫어하며 허무하게 시간을 낭비했습니다.

그러나 나의 하루가 언제 어떻게 마지막이 될지 모른다는 생각을 하고 보니, 더 이상 일을 미루어선 안 되겠다는 마음이 들었습니다. 내 안에 있는 나태함과 안주함 등 좋지 않은 습관들을 결단해야 한다는 생각이 들었습니다.

하나님의 자녀로 선택받은 우리는 결단할 수 있어야 합니다. 나의 안 좋은 습관을 내려놓고 꿈을 위해 노력하는 삶을 선택하는 습관을 들여야 합니다.

안 좋은 습관을 버리기가 처음부터 쉽진 않습니다. 그러나 나의 연약함을 도우시는 성령님을 믿음으로 결단하기를 연습하려 합니다. 그러면 점점 결단할 수 있는 의지는 강해질 것이고, 나쁜 습관은 나를 떠나가게 될 줄로 믿습니다.

> "정말 원하는 꿈이 있다면 때로는 결단할 수도 있어야 한단다. 당장의 즐거움을 내려놓기는 쉽지 않겠지만 네게 특별한 계획을 가지고 있는 나를 믿는다면 결단할 수 있는 힘이 생길 거야."

너희는 유혹의 욕심을 따라 썩어져 가는 구습을 따르는
옛 사람을 벗어 버리고 오직 너희의 심령이 새롭게 되어 하나님을 따라
의와 진리의 거룩함으로 지으심을 받은 새 사람을 입으라

– 에베소서 4장 22~24절 –

유명한 사람이 되면 도와줄래요

꿈을 이루기 위한 목표를 정하면서 기도하기를, 꼭 성공해서 하나님께 크게 쓰임받길 원한다고 고백했습니다. 성공한 유명인사가 되어 하나님 나라를 위한 헌신도 하고, 불우한 이웃에게 기부도 많이 할 수 있게 된다면, 하나님께서 기뻐하시며 잘했다고 칭찬해 주실 것이라고 생각했기 때문입니다.

그러나 크게 쓰임받기만을 바란 후부터는 내가 할 수 있는 작은 일에 소홀해지기 시작했습니다. 지금 할 수 있는 작은 나눔과 봉사, 중보기도 등 별로 티가 나지 않는 일은 하나님께 쓰임받는 일과 별개로 생각했습니다.

저는 하나님께 쓰임받기를 바란다면서 내 멋대로 일을 구분하여 작은 일에 충성하는 것을 업신여겼습니다. 작은 일에 충성된 자에게 큰일도 맡기신다는 하나님의 말씀을 잊고 있었던 것입니다.

하나님은 내가 큰 꿈을 가지고 크게 사용되기만을 원하지 않으셨습니다. 내가 할 수 있는 작은 일에 충성을 다할 때 더 기뻐하시며, 단한 사람이라도 나를 통해 도움을 받았다면 그것으로도 하나님의 이름을 높여드릴 수 있기 때문입니다.

> "성공해서 크게 쓰임 받으려는 마음보다,
> 너의 형편에서 할 수 있는 나눔과
> 베풂의 삶을 살아갈 때가 더 기쁘단다."

그 주인이 이르되 잘하였도다 착하고 충성된 종아
네가 적은 일에 충성하였으매 내가 많은 것을 네게 맡기리니
네 주인의 즐거움에 참여할지어다 하고

- 마태복음 25장 21절 -

뒤적 뒤적

옛날로 돌아가고 싶어요

저는 아이 둘과 남편이 있는 프리랜서 겸 가정주부입니다. 4살, 7살 아이의 엄마로서 제 일을 하기 위해 주어진 시간은 5시간 정도입니다. 그 시간도 집안일을 하거나 다른 볼일이 있을 때면 일에 집중할 시간은 3~4시간으로 줄어듭니다.

그럴 때면 '아이를 낳기 전에 미리 꿈을 위한 준비를 해놓을 걸' 하는 후회가 들기도 합니다. 그러나 후회를 한다고 해서 변하는 건 아무것도 없습니다. 무의미한 시간낭비일 뿐이었습니다.

꿈이 이루어지는 시기는 정해져 있지 않습니다. 누군가는 20대에, 누군가는 30대, 40대, 60대에 이루어지기도 하니까요. 꿈에 대한 간절함이 있다면, 하나님께서는 내가 열정을 쏟아낼 수 있는 때를 알려주실 거라고 믿습니다.

하나님께서는 이전 것을 보지 말고 새날을 바라보라 하십니다. 그러니 학생 때 열심히 했더라면, 청년 때 열심히 했더라면, 아기가 있기 전에 더 열심히 했더라면 하는 후회들은 더 이상 하지 않으려

합니다. 나의 열정을 쏟기에 가장 좋은 하나님의 때는, 바로 지금이니까요.

"지나간 시간은 후회를 위해 있는 것이 아니라 더 나은 내일을 위한 좋은 경험일 뿐이야. 너의 열정을 쏟아야 할 지금 이 순간에 충실하렴! 그리고 성장할 내일을 기대하는 거야!"

새 포도주를 낡은 가죽 부대에 넣지 아니하나니 그렇게 하면
부대가 터져 포도주도 쏟아지고 부대도 버리게 됨이라
새 포도주는 새 부대에 넣어야 둘이 다 보전되느니라

– 마태복음 9장 17절 –

3장

성장시키시는 하나님

이 직장을 계속 다니는 게 맞나요

첫 직장을 다녔을 때였습니다. 기도해왔던 조건에 딱 맞았던 곳이라 모든 것이 감사했습니다. 적응의 시간이 지나고 긴장이 풀리자 얼마 못 가 고민이 생겼습니다. 내가 꿈꾸던 일과는 조금 다른 업무를 하고 있었기 때문입니다.

점점 직장에 대한 확신이 없어지면서 하나님께 질문하기 시작했습니다. 내가 지금 하고 있는 이 일이 하나님의 계획이 맞는 거냐고 말이죠.

하지만 하나님께서는 이러한 질문을 할 때마다 응답받은 직장이라며 감사했던 순간을 기억나게 하셨습니다. 그리고 계속 하고 싶은 일에 대한 꿈을 꾸게 하셨습니다.

지금도 하나님의 길이 무엇이고, 이 길이 맞는지 여쭈는 기도는 계속 되고 있습니다. 하지만 '이 길이 아니면 어쩌지?' 하는 걱정은 하지 않습니다.

지금 있는 자리가 하나님의 길이 아닌 것처럼 느껴지거나, 혹은 목표한 것까지 많이 돌아가는 것같이 느껴져도 끊임없이 하나님의 인도하심과 계획을 여쭈는 삶 안에 있는 한 헛된 시간은 아무 때도 없다는 것을 믿기 때문입니다.

"끊임없이 나의 뜻을 물으며
고민하는 삶을 살고 있다면,
이미 나의 계획 안에 사는 삶이란다.
헛된 시간은 아무 때도 없으며, 어느 순간도
나의 계획이 아닐 때가 없기 때문이야."

우리가 알거니와 하나님을 사랑하는 자
곧 그 뜻대로 부르심을 입은 자들에게는
모든 것이 합력하여 선을 이루느니라

- 로마서 8장 28절 -

볼품없는 직장이 너무 창피해요

학생시절, 직장을 다니고 있는 나의 모습을 상상해보곤 했습니다. 상상속의 저의 모습은 TV에서처럼 큰 건물에 있는 사무실에, 멋진 옷을 입고 디자인실에서 우아하게 작업을 하고 있었습니다.

그러나 현실은 내가 생각했던 분위기와는 정반대였습니다. 저의 첫 직장은 낡은 건물에 기계와 잉크 냄새로 가득한 곳이었습니다. 무거운 천을 나르고 인두질을 하며 잉크가 옷에 묻을까봐 작업복을 챙겨야만 하는 곳이었습니다. 주변은 온통 오래된 상가들로 가득해서 누구에게도 나의 직장을 당당하게 소개하지 못했습니다.

그때는 보이는 것만이 전부인 것 같아서 창피한 마음이 앞섰지만 사실 첫 회사는 제가 이루고 싶은 꿈의 밑바탕이 되는 필수 요소들을 알게 해준 곳이었습니다.

하나님은 내가 목표한 꿈의 밑바닥부터 차근차근 다져가게 하셨습니다. 모든 일이 원리를 알아야 정답이 보이고 응용도 하듯, 내가 목표한 꿈에 있어서도 가장 기본부터 배워 단단하게 성장하길 원하셨습니다.

이제는 눈앞의 부족함을 바라보지 않습니다. 이 시작을 발판으로 많은 경험과 배움이 단단하게 쌓여 창대한 미래에 다다를 수 있음을 믿음으로 나아 갈 것입니다.

"초라하고 미약한 시작은 앞으로 네가 성장할 때 꼭 필요한 발판이 되어줄 테니, 기초부터 단단하게 실력을 쌓아 창대해질 나중을 믿음으로 바라보렴."

네 시작은 미약하였으나
네 나중은 심히 창대하리라

- 욥기 8장 7절 -

계단은 왜 이렇게 많은 거야...

자, 같이 가보자!

저는 실수투성이에요

입사 직후에는 모든 것이 서툴고 실수투성이였습니다. 실수하지 않으려고 애를 쓰면 쓸수록 이상하게도 생각지도 못한 실수가 발생했습니다.

몇 번 운이 좋게 잘 넘기다 결국은 큰 실수를 하게 되었고, 상사의 책망과 나의 무능함이 드러나는 것이 싫어서 저 나름대로의 방법으로 은밀하게 처리해버리고 말았습니다. 그러나 그것으로 인해 작업 스케줄이 꼬여 버렸고, 곧 들통이 나버렸습니다.

저의 은폐로 인해 들어야 할 책망의 크기는 더 컸지만, 저는 그날에서야 속임에서 비롯된 불안감으로부터 마음의 자유함을 얻게 되어 오히려 감사했습니다. 그리고 깨닫게 된 것이, 실수는 그 상황을 받아들이고 부족한 부분에 대해 노력하면 더 나아질 미래가 있지만, 속임은 불안한 내일만이 기다리고 있다는 사실입니다.

이제는 어떤 실수에도 정직함으로 나아가려 합니다. 정직한 마음은 내가 신뢰를 얻을 수 있는 기회를 주고, 정직한 나를 통하여야만이 하나님의 뜻을 이루실 수 있기 때문입니다.

"실수를 인정하고 노력하면 더 나아질 내일이 있지만, 속임은 불안한 내일만이 있을 뿐이란다. 네 마음의 자유함을 빼앗기지 않도록 정직한 삶을 살아가길 바란다."

정직한 자의 성실은 자기를 인도하거니와
사악한 자의 패역은 자기를 망하게 하느니라

– 잠언 11장 3절 –

회사 다니는 게 너무 힘들어요

직업을 즐기며 일할 수 있다면 정말 행복할 것입니다. 그러나 저는 그러지 못했습니다. 정말 하고 싶었고 열정으로 가득했던 일이었음에도 불구하고 직업이 되니 점점 일이 싫어지고 더 어렵게만 느껴졌습니다. 처음엔 설렘으로 가득했던 직장은 얼마 지나지 않아 어떤 곳보다 괴롭고 힘든 곳이 되어 버렸습니다.

남들과 똑같이 직장에 다니고 일하는 것뿐인데 유독 힘들어하는 내 모습이 한심하게 보였습니다. 그러고는 다른 사람들이 받았던 고난과 비교하며 나만의 고난의 기준을 정해 이 정도로 힘든 건 내가 멘탈이 약한 것이라며 자책했습니다.

하나님께서 우리에게 감당할 만큼의 고난을 주신다고 하셨던 건 감당할 수 있는 고난의 크기가 다르기 때문이었습니다. 내가 감당할 수 있는 고난이 남에게는 감당치 못할 고난이 될 수도 있고, 그 반대의 경우도 있을 수 있다는 것입니다.

그러니 힘들어 하는 내 모습을 자책할 필요도 없고 몰아세울 필요도 없습니다. 힘들면 주저앉기도 하고 눈물을 흘리기도 하면서 하나님께 나의 모든 연약함을 이야기하면 되는 것입니다.

하나님 앞에서 이런 나의 약함을 드러내는 순간 하나님은 일하십니다. 내가 이 순간을 이겨낼 수 있는 말씀을 주시며, 전보다 더 단단하게 성장할 수 있도록 말입니다.

> "힘들면 힘들다고 말하렴.
> 쓰러지기도 하고 주저앉기도 하렴.
> 다만, 그 모습 그대로 나에게 기대렴.
> 네가 너의 약함을 인정할 때가 내가 널 위해
> 일할 수 있는 순간이기 때문이란다."

사람이 감당할 시험밖에는 너희가 당한 것이 없나니 오직 하나님은 미쁘사 너희가 감당하지 못할 시험 당함을 허락하지 아니하시고 시험 당할 즈음에 또한 피할 길을 내사 너희로 능히 감당하게 하시느니라

– 고린도전서 10장 13절 –

나도 대접받고 싶어요

대체 휴일, 주5일 근무, 명절 보너스, 야근 수당 등을 잘 챙겨주는 회사를 다니는 친구의 이야기를 들으면 너무 억울하다는 생각이 듭니다.

이놈의 직장은 안 그래도 힘든데, 뭔가 대접도 못 받고 있는 것 같아 불평과 불만을 가졌던 적이 있었습니다.

그런데 과연, 저는 회사에 좋은 직원이었을까요? 여기저기 돌아다니는 쓰다만 볼펜들, 무분별하게 팍팍 써대는 회사 용품, 지인에게는 내 멋대로 직원가로 일을 해주기도 하고, 주어진 업무에도 나의 개인적인 상황과 기분에 따라 임하며, 출근 시간은 제대로 지켜본 적이 드물었습니다.

그러나 이러한 나의 태도는 돌아보지도 않고, 회사에 불평하며 뻔뻔한 행동을 하고 있었습니다. 하나님께서는 대접받기만 원하지 말고, 회사에 먼저 대접할 수 있는 내가 되길 원하셨습니다.

대접받기 원한다면 불평하는 마음보다는 대접받을 수 있는 사람이 먼저 되는 것이 정답인 것 같습니다.

이제는 나의 행동을 하나님께서 어떻게 보실지 항상 생각하며, 행동 하나 하나가 그분의 이름을 높여드릴 수 있길 소망합니다.

"대접받기를 원한다면 불평하는 마음보다 먼저 대접하는 것이 나의 방법이란다. 내 자녀만큼은 대접받기에 충분한 자격이 있는 사람이 되었으면 좋겠구나."

그러므로 무엇이든지 남에게 대접을 받고자 하는 대로
너희도 남을 대접하라
이것이 율법이요 선지자니라

– 마태복음 7장 12절 –

일 잘하는 선임 없이도 가능할까요

일을 하면서도 계속 무언가를 배우며 성장하려는 사람이 있는가 하면, 주어진 업무와 역할에만 충실한 사람이 있습니다. 전자와 같은 사람이었던 선임과 함께하는 직장 업무는 언제나 무리 없이 잘 진행되었습니다.

그러나 종종 선임이 자리를 비워야 할 때면 그렇게 불안하기 짝이 없었습니다. 선임보다 제가 할 수 있는 일의 폭이 너무 좁았기 때문입니다.

주어진 일만 하기 원했던 저는 마치 달란트를 땅에 묻은 게으른 종과 같았습니다. 하지만 하나님께서는 내가 하는 일에 있어서는 누구보다 전문가가 되어있길 원하셨습니다. 그 일은 곧 주인께서 내게 맡기신 달란트였기 때문입니다.

하나님께서는 나 자신의 한계를 뛰어넘어 성장하게 하시려는 계획 가운데 내가 게으른 종이 되지 않기 위한 기회를 끊임없이 주고 계셨습니다.

이제는 내가 익숙한 일 외에 다른 일이 침범해서 거부감이 들 때면 그 마음을 잠시 내려놓아 봅니다. 끊임없이 배우게 하시고 역량을 넓혀 가시는 하나님의 은혜일지 모르니까요.

"난 네가 하는 일에 있어서는 누구의 도움 없이도 해낼 수 있는 최고의 전문가가 되었으면 좋겠구나. 내가 네게 준 귀한 기회를 잘 잡아 성장의 끈을 놓치지 마렴."

부지런한 자의 손은 사람을 다스리게 되어도 게으른 자는 부림을 받느니라

- 잠언 12장 24절 -

커피 타려고 입사한 건 아니라구요

출근을 하면 업무 외에 해야 할 일들이 있었습니다. 화분에 물을 주고, 사무실 청소와 설거지 및 손님을 위한 커피나 음료도 대령해야 했습니다.

이런 일을 할 때면 마치 내가 디자이너가 아니라 청소 아주머니가 된 기분이었습니다. 본 업무가 아닌 허드렛일을 하고 있자니 짜증이 나고 자존심도 상했습니다.

저는 그때까지 잘못된 기준으로 직업에 대한 계급을 정해놓고 있었습니다. 직업을 허드렛일과 고급스러운 일로 분류하며 청소나 커피 타는 일 등은 하찮게 여기고 무시하고 있었던 것입니다.

하나님께서는 내가 하고 있는 일의 종류가 어떤 것이든 하나님이 기뻐하시는 마음을 품고 하길 원하셨습니다. 그리고 내가 낮은 자리에서 섬기며, 작은 일도 귀하게 여기길 원하셨습니다.

그래서 지금까지 섬기는 마음에 대한 훈련을 꾸준히 받게 하시는 것 같습니다.

"나의 자녀들이 하는 일이라면 어떤 일도 하찮고 무시될 수 있는 일은 없단다. 도리어 낮은 자리에 거하며 섬길 수 있는 일이 나를 더욱 기쁘게 하는 일이라는 것을 잊지 마렴."

너희 안에서 행하시는 이는 하나님이시니
자기의 기쁘신 뜻을 위하여
너희에게 소원을 두고 행하게 하시나니
모든 일을 원망과 시비가 없이 하라

- 빌립보서 2장 13~14절 -

열심히 하는 척만 해도 될까요

처음 회사에 입사했을 땐, 상사에게 나의 능력을 인정받고 싶은 마음에 모든 업무에 열심히 임하며 어떻게든 잘 보이려 애를 썼습니다. 그러다 시간이 흘러 일이 익숙해지고 편해지자 점점 늦장을 부리며 꾀를 부리기 시작했습니다.

열심히 했던 처음과는 달리 빨리 끝낼 수 있음에도 다른 업무가 주어질까봐 일부러 늦장을 피우고, 평소 불친절했던 상담도 상사가 있을 땐 열심히 하는 척했습니다. 게다가 상사가 자리를 비운 날이면 업무는 뒷전이고 개인 용무를 보며 자유를 만끽하기도 했습니다.

직장에 들어가기 전 CCTV가 설치된 곳에서 아르바이트한 적이 있습니다. 그곳에선 절대 불의를 행하거나 게으름을 피울 수가 없었습니다. 사장님이 지켜보고 있었기 때문입니다. 그렇다면 24시간 돌아가는 CCTV와 같이 하나님이 항상 바라보고 계신다면 어떨까요?

"사람을 기쁘게 하는 자와 같이 눈가림만 하지 말라"

성령님이 내 안에 거하고 계시기에 이제 눈가림은 어림도 없습니다.
이제는 성령님이 이끄시는 마음의 양심을 따라 하나님이 허락하신
자유를 감사함으로 누리며 성실한 삶을 살기 위해 기도합니다.

"성실했던 너의 첫 마음이 회복되었으면
좋겠구나. 너를 한순간도 놓치지 않고
바라보고 있는 나를 생각한다면
첫마음을 기억해 낼 수 있을 거야."

종들아 모든 일에 육신의 상전들에게 순종하되
사람을 기쁘게 하는 자와 같이 눈가림만 하지 말고
오직 주를 두려워하여 성실한 마음으로 하라

- 골로새서 3장 22절 -

나에게도 좋은 날이 올까요

어떤 일이든 포기하지 않고 즐길 수 있을 때 성장한다는 사실은 알지만, 직장의 일을 즐기기란 참 쉽지 않았습니다. 3년도 채 안 되었던 직장생활은 너무 재미없고 힘들기만 해서 그만둘 생각으로 하루하루를 버티며 다녔습니다.

사실 그만둔다고 말할 수 있었지만 그만두지 못했습니다. 결심을 하다가도 한편으로 하나님이 이 상황을 이겨내길 원하시는 건 아닐까? 하는 생각이 끊임없이 들었기 때문입니다.

그러던 어느 날 선임의 퇴사 소식을 들었습니다. 너무나 막막했고 두려웠지만 그날은 직장생활의 전환점이 되었습니다. 선임이 담당했던 업무가 주어지자 나도 모르게 쌓였던 내공이 발휘되면서 척척 해내기 시작했습니다. 못할 거라고 생각했던 일을 해낼 때마다 자신감이 생기니 일이 쉽게 느껴지고 즐거웠습니다. 곧, 일에 대한 책임감과 주인의식이 생기기 시작했고, 승진의 기회도 얻게 되었습니다.

지금까지 일이 힘들어도 버틸 수 있었던 건 일을 즐기며 해낼 수 있는 능력이 쌓일 때까지 나를 이끄시는 분을 믿었기 때문입니다. 인내함으로 버티며 나의 일을 정복하는 그날까지 훈련을 이겨낸다면 반드시 하나님께서 예비하신 좋은 날을 맞이할 수 있을 것입니다.

"네가 많이 지쳐 있고 힘든 것을 잘 안다. 널 이끄는 내가 있으니 걱정 마렴. 네게 이길 수 있는 힘을 줄 것이며, 이 훈련 뒤엔 반드시 내가 준비한 좋은 날을 맞이하게 될 테니까."

내가 네 사업과 사랑과 믿음과 섬김과 인내를 아노니
네 나중 행위가 처음 것보다 많도다

- 요한계시록 2장 19절 -

직장 동료와의 관계 때문에 고민이에요

직장을 다니다 보면 사람관계에 있어서 문제가 생기기 마련입니다. 하루에 가장 많은 시간을 함께하는 사람들이기 때문에 그만큼 부딪치는 일도 많고 속이 상할 일도 많은 것 같습니다.

직장에 다니다 보면 말단 직원이라는 이유로 불합리한 상황에 직면하거나, 얄밉고 이기적인 동료와 진상고객 때문에 마음고생을 하기도 하고, 상사의 기분을 맞춰가며 눈치를 보는 등 화나고 짜증나는 일들이 많았습니다.

그러나 하나님께서는 나의 마음이 억울함과 짜증으로 가득하기보다는 선함과 인내로 가득하길 원하셨습니다. 이것이 하나님의 자녀로서 불의에 지지 않고 승리하는 최고의 방법이기 때문입니다. 끊임없는 부당함 속에서도 당신을 핍박한 인간들을 긍휼히 여기시고 세상의 모든 죄를 이기셨던 예수님의 모습처럼 말입니다.

참 힘든 일이지만, 부당함에 맞서기 전에 먼저 긍휼한 마음으로 대해보려 합니다. 혹시 그들도 나처럼 다른 무엇엔가 상처받은 연약한 자일 수 있으니까요. 그럴 때, 하나님께서는 나의 마음을 위로하시며 진정한 기쁨의 승리를 얻게 하실 줄 믿습니다.

> "부당함과 사람 때문에 상처받고 힘들 때가 많을 거야. 그럴수록 인내와 선함을 무기삼아 부당함에 맞서렴. 너를 위해 친히 간구하는 내가 함께함으로 때마다 기쁨의 승리를 안겨줄 거란다."

사환들아 범사에 두려워함으로 주인들에게 순종하되
선하고 관용하는 자들에게만 아니라 또한 까다로운 자들에게도 그리하라
부당하게 고난을 받아도 하나님을 생각함으로 슬픔을 참으면
이는 아름다우나 죄가 있어 매를 맞고 참으면 무슨 칭찬이 있으리요
그러나 선을 행함으로 고난을 받고 참으면 이는 하나님 앞에 아름다우니라

– 베드로전서 2장 18~20절 –

4장

부요하게 하시는 하나님

알바인생으로 살아가야 하나요

대학생만 되면 모든 것이 수월하고 즐거울 줄로만 알았는데, 돈이 없으니 그러지 못했습니다.

학비와 용돈이 필요해서 아르바이트는 필수였습니다. 힘들게 버는 만큼 자기계발 같은 유익한 곳에 투자를 해야겠다고 생각했습니다. 그러나 돈이 들어오면 즐기고 노는 데에 썼고, 마음 한구석에는 계속 걱정과 자책감이 밀려왔습니다.

그러나 지금 돌이켜보면 그때의 모습들이 그렇게 큰 걱정거리는 아니었던 것 같습니다. 그 당시 아르바이트는 좋은 경험이 되었고, 대학생활은 나에게 잊지 못할 좋은 추억으로 남았기 때문입니다. 무엇보다 열심히 했던 신앙생활로 하나님이 보시기에 기쁘신 청년의 날을 보냈다는 생각이 들어 뿌듯했습니다.

하나님이 보시기에 기쁜 청년의 날을 보냈으면 좋겠습니다. 모든 게 불안한 시기이지만 어떤 도전도 두렵지 않을 시기이기도 하니까요. 그러니 돈이 있든 없든 지금 할 수 있는 여러 가지 경험을 해보고, 다시 못 올 청년의 때를 마음껏 즐기면서 앞으로 살아가야 할 날들을 위한 좋은 경험과 추억으로 가득 채웠으면 좋겠습니다.

"청년아, 다시 못 올 이때를 마음껏 즐겨라! 그러나 네가 즐기는 모든 것에서 내가 너와 항상 함께하고 있음을 잊지 않길 바란다."

청년이여 네 어린 때를 즐거워하며 네 청년의 날들을
마음에 기뻐하여 마음에 원하는 길들과 네 눈이 보는 대로 행하라
그러나 하나님이 이 모든 일로 말미암아 너를 심판하실 줄 알라

- 전도서 11장 9절 -

사고 싶은 게 너무 많아요

저는 평소 감정과 기분에 따라 돈을 쓸 때가 많았는데, 특히 우울할 때나 스트레스가 쌓이면 쇼핑과 외식으로 기분을 풀곤 했습니다.

그러던 어느날 목과 눈이 아프도록 휴대폰으로 쇼핑하고 있는 저를 보게 되었습니다. 성경을 읽어야 할 시간에도, 예배를 드릴 때에도 쇼핑으로 시간을 보냈습니다. 마음에 드는 물건은 계속 늘어났고, 원하는 상품을 구입하기 전까지 머릿속에는 온통 그 상품 생각뿐이었습니다.

결국 원하는 물건을 구입하고 나서야 쇼핑은 끝이 나고, 너무나 행복해 했지만 오래가지 못했습니다. 예쁜 옷을 사도 그때뿐이었고, 물건을 사도 몇 개월 지나면 구입했을 때의 행복과 즐거움은 사라져 버렸습니다.

세상의 것을 원하고 바랄 땐 하나님과의 만남보다 쇼핑이 더 즐거워 성경을 읽고 기도하는 시간이 줄어들게 되고, 끝이 없는 물질 욕심만 커져 갔습니다. 돈은 나에게 영원한 즐거움과 기쁨을 안겨주지는 못했고, 그저 힘든 상황과 안 좋은 기분을 잠시 피하고자 하는 도피처에 불과했습니다.

하나님과 재물을 겸하여 섬기지 말라는 말씀이 있습니다. 이제는 잠시 잠깐의 행복을 누리고자 하나님과의 시간을 빼앗기지 않으려고 합니다. 하나님과의 교제가 먼저인 삶을 사는 것이 진정한 행복을 누리는 길임을 깨달았기 때문입니다.

"재물이 주는 즐거움은 오래가지 못한단다.
허무함만 안겨주는 악순환에서 벗어나
생명이 있는 곳에 눈길을 두어
영원한 복을 누리며 살아가렴."

네가 어찌 허무한 것에 주목하겠느냐
정녕히 재물은 날개를 내어 하늘에 나는 독수리처럼 날아가리라

- 잠언 23장 5절 -

<며칠 뒤>

돈이 많았으면 달라졌을까요?

어린시절, '우리 집에 돈이 많았으면 좋겠다'라는 생각을 많이 했습니다. 가족끼리 돈 때문에 싸울 일도 없을 테고 부족함 없이 누리며 살았을 테니, 집안의 모든 문제가 사라질 것만 같았습니다.

그래서 삶이 힘들거나 문제가 생길 때마다 모두 돈 때문인 것 같아, 돈 때문에 이리저리 치이는 나의 삶을 원망하기도 했습니다.

그러나 부유층의 자살, 마약 중독의 문제, 가족 간의 싸움은 물론 살인까지도 일삼는 뉴스를 접하면서 돈이 많아도 문제가 없는 것이 아님을 알게 되었습니다.

지나고 보니 돈이 부족한 것보다 마음가짐의 문제였던 것 같습니다. 주어진 삶을 자족하는 마음으로 보니 오히려 지금까지의 삶이 감사했습니다. 건강하게 자라고, 기댈 수 있는 가족이 있고, 살 수 있는 집이 있고, 먹을 양식 등 당연하다고 여겼던 것들에 대해 감사를 하니 마음이 풍족해짐을 느끼게 되었습니다.

앞으로 나의 삶에 돈으로 인한 문제가 없진 않을 것입니다. 그러나 그때마다 잊지 않길 기도합니다. 내가 누리고 있는 당연한 모든 일이 하나님의 은혜이며, 이런 나의 삶을 감사하며 만족하는 것이 가장 부유해지는 길이라는 것을요.

"재물이 많다고 문제가 없는 것은 아니며
더 좋은 인생을 사는 것도 아니란다.
인생의 진정한 행복과 부요는
자족하는 삶으로부터 오기 때문이지."

비록 무화과나무가 무성치 못하며 포도나무에 열매가 없으며
감람나무에 소출이 없으며 밭에 식물이 없으며 우리에 양이 없으며
외양간에 소가 없을지라도 나는 여호와를 인하여 즐거워하며
나의 구원의 하나님을 인하여 기뻐하리로다.

- 하박국 3장 17~18절 -

헌금이요? 복받는다고 하니까 내는 거죠

안 그래도 적은 월급인데, 십일조를 드리고 교통비와 생활비 등으로 쓰고 나면 정작 나를 위해 쓸 수 있는 돈은 없습니다. 덕분에 나의 청년시절은 항상 카드빚을 안고 살아가는 것이 일반적인 삶이 되었습니다.

어릴 땐, 헌금은 당연히 드려야 하는 것이라고 배웠습니다. 청년 땐, 헌금을 내지 않으면 가난하게 살까봐 드렸습니다. 그때까지 제가 냈던 헌금은 그저 세상에서 복 받는 삶을 위한 이용수단에 불과했는지도 모릅니다.

그러나 하나님께서 나의 이런 약함을 긍휼히 여겨주심을 느꼈습니다. 지금까지 내가 필요한 것들을 채우시며 부족하지 않도록 돌보시는 은혜를 경험하며 살아왔기 때문입니다.

연약한 인간에게 예물을 드리는 것으로 복을 받는지 아닌지 시험해 보라 하신 것은 아마도, 알아서 입히시고 먹이시는 하나님의 은혜를 알게 하고 싶으셨던 것 같습니다. 이 은혜를 깨닫는 순간 내가 가진 모든 것이 하나님의 것임이 믿어지며 예물을 드릴 때도 감사함으로 내어드릴 수 있었기 때문입니다.

내가 주님을 시험했던 시간들은 이제 도리어 예물을 드리는 나의 마음상태를 시험해 볼 수 있는 좋은 훈련이 되었습니다. 앞으로도 계속될 이 훈련을 통해 기쁨으로 내어드리는 예물이 점점 많아질 것을 기대합니다.

"예물로 나를 시험해 보라 했던 것은
네가 걱정하지 않아도 너의 필요를 채우며
돌보고 있는 내가 있음을
믿게 하고 싶었기 때문이란다."

**만군의 여호와가 이르노라 너희의 온전한 십일조를 창고에 들여
나의 집에 양식이 있게 하고
그것으로 나를 시험하여 내가 하늘 문을 열고
너희에게 복을 쌓을 곳이 없도록 붓지 아니하나 보라**

- 말라기 3장 10절 -

죄송하지만 이것밖에 못 드려요

예물을 드리는 의미는 나의 가진 것보다 하나님을 더 사랑한다는 나의 신앙고백이기도 합니다. 그런데 저는 이 고백 앞에서 너무나 계산적이었습니다.

십일조는 십 원 하나 안 틀리고 맞춰서 냈고, 예배 때마다 드리는 헌금의 액수도 몇 천 원으로 정해놓고, 만 원짜리만 있으면 어떻게 든 천 원짜리로 바꾸어 딱 맞춰 냈습니다. 어떤 날은 감사한 일이 있어 헌금을 드려야겠다는 생각을 하다가도 막상 주일이 되면 나의 자금 사정에 따라 다음에 내자며 넘겨 버리기도 했습니다.

그러다 예기치 않은 상황에서 돈을 잃어버리기라도 하면 '예물을 덜 냈나?'라는 생각이 들게 되었고, 점점 더 계산적이 되어 나의 가진 것을 잃지 않기 위해 예물을 내는 상황에 이르기도 했습니다.

하나님께서는 예물 앞에서의 나의 인색함과 계산적인 마음을 기뻐하지 않으셨습니다. 인색한 마음이 들었을 때는 차라리 그 마음 그대로를 솔직하게 고백하길 원하셨습니다.

이제는 하나님 앞에 무의미한 계산법은 내려놓고 물질 앞에 연약해지는 나의 약함을 고백하며 나아갑니다. 그리고 후에는 더 굳건한 믿음을 구하며 기쁨으로 내어드릴 날을 기대하며 기도합니다.

"나에게는 너의 예물이 많고 적음이 중요하지 않단다. 그저 나를 사랑하는 진심이 담긴 예물이면 그것으로 충분하단다."

각각 그 마음에 정한 대로 할 것이요
인색함으로나 억지로 하지 말지니
하나님은 즐겨내는 자를 사랑하시느니라

- 고린도후서 9장 7절 -

〈주일프〉

부자가 되면 천국에 못 가나요

부자가 천국에 가는 것이 낙타가 바늘귀에 들어가는 것보다 더 힘들다는 말씀이 있습니다. 그 말씀을 알고부턴 돈에 대해 부정적으로 생각하게 되었습니다. 돈의 맛을 알고 하나님과 멀어지면 어쩌나 하는 두려움이 밀려왔기 때문입니다.

그러나 하나님께서는 내가 육의 복을 받고도 흔들리지 않도록 끊임없이 나를 인도하시며 훈련시키실 것이라는 믿음을 갖게 하셨습니다. 또한, 부자에 대한 부정적인 인식은 나를 향한 하나님의 계획과 내게 허락하실 복을 제한하고 있는 것임을 깨닫게 하셨습니다.

돈 자체는 나쁜 것이 아닙니다. 불의한 마음과 욕심을 가진 사람으로 인해 나빠 보이는 것이었습니다. 그래서 이제는 나의 삶의 목적이 돈이 아니라 하나님이 기뻐하시는 일이 되도록 성령님께 간구합니다.

우리 모두 하나님이 기뻐하시는 부자가 되길 원합니다. 하나님보다 돈을 더 사랑하는 것이 아니라, 하나님이 먼저인 삶을 산다면 부자가 되고도 천국 문에 당당히 들어갈 수 있는 주님의 자녀들이 많아질 것이라 믿습니다.

"아브라함도 이삭도 야곱도 요셉도 모두 부자였단다. 이 세상 어떤 부요보다 나를 사랑하기를 힘쓰며 간구하렴. 그럼 부자도 충분히 천국에 갈 수 있단다."

여호와께서 주시는 복은 사람을 부하게 하고
근심을 겸하여 주지 아니하시느니라

- 잠언 10장 22절 -

돈을 벌어도 늘 부족한 이유가 뭘까요

야근 후 집으로 가는 텅 빈 지하철에 있으면 종종 회의감이 들곤 했습니다. 힘들게 버는 것에 비해 너무 쉽게 사라지는 돈을 보며, 그럼에도 살기 위해서 돈을 벌어야만 하는 삶이 지치고 허무해서였습니다.

제가 다니는 교회의 디자인 작업을 할 때는 밤을 새가면서 무료로 봉사를 해야 했고, 목사님의 부탁으로 어쩔 수 없이 해야 할 때도 있었습니다. 그럴 때면, 돈도 되지 않는 일인데 이렇게 수고해서 뭐하나 하는 생각이 들곤 했습니다.

이런 회의감과 허무함이 들었던 이유는 나의 중심에 하나님이 아닌 돈이 우선시 되고 있었기 때문입니다. 하나님께서는 나의 모든 수고가 단지 돈을 벌기 위함이 아닌 하나님을 기뻐함으로 천국을 소망하며 하는 일이길 원하셨습니다.

나의 중심이 하나님이 되는 순간 돈은 중요하지 않게 되었습니다. 돈은 하나님께서 값없이 채워주실 은혜이고, 내가 하는 모든 수고는 하나님께 영광이 되는 일이 되었습니다.

이제 더 이상 삶의 허무함은 없습니다. 내 마음이 하나님 안에 거하고 있는 한, 나의 수고로 인하여 하나님께 받을 선물이 반드시 있음을 믿기 때문입니다.

"내가 네게 줄 선물은 세상이 주는 보상과는 감히 비교도 안 될 축복이란다. 나의 안에 거하며 내가 주는 복을 누리며 살길 바란다."

네가 이 세대에서 부한 자들을 명하여 마음을 높이지 말고
정함이 없는 재물에 소망을 두지 말고
오직 우리에게 모든 것을 후히 주사 누리게 하시는 하나님께 두며

- 디모데전서 6장 17절 -

받기만 하니까 너무 좋아요

넉넉지 않았던 청년시절, 어디를 가나 막내라는 이유로 돈을 내지 않아도 되는 상황이 많이 있었습니다.

처음엔 감사하고 죄송한 마음이 컸지만, 시간이 흐를수록 당연한 것처럼 여겨지기 시작했습니다. 보답해야겠다는 마음도 사그라들어 돈이 생겨도 보답하려 하지 않았고, 누군가를 위해 돈을 쓰기가 아깝게 느껴지기까지 했습니다.

돈이 없다고 해서 마음까지 가난해지는 것은 아닌데, 나는 마음마저 가난하게 살았던 것 같습니다. '나는 돈이 없으니까'라는 생각으로 받는 것을 당연하게 여기기보다 조금이라도 나누며 감사를 표현하려 했다면, 마음만은 여유롭지 않았을까 하는 생각이 듭니다.

하나님은 받기만 하는 삶보다는 베풀 수 있는 삶이 복이 있다고 말씀하십니다.

지금 나의 상황이 여유롭지 않다 해도 마음만은 여유롭길 기도합니다. 마음은 내가 생각하기에 따라 얼마든지 여유로울 수 있으며, 하나님의 복은 이런 마음을 가진 사람에게 주어지기 때문입니다.

"받기보다는 나누고 베푸는 것에
기뻐하는 삶을 살아가렴.
나의 자녀에게는 그것이 훨씬 더
복된 삶이란다."

주 예수께서 친히 말씀하신 바
주는 것이 받는 것보다
복이 있다 하심을 기억하여야 할지니라

– 사도행전 20장 35절 –

돈 많이 벌면 그때 할게요

고마움을 표현할 때, 위로가 필요할 때, 사랑을 표현할 때, 기쁨을 표현할 때, 무언가를 베풀 때에 돈을 빼놓고 생각해본 적이 거의 없었습니다.

돈을 잘 벌기만을 소원했습니다. 부모님께 용돈도 많이 드리고 싶었고, 평소 고마운 사람에게 좋은 선물도 해주고 싶었습니다. 교회에 헌금도 많이 하고 싶었고, 어려운 사람들에게 후원도 많이 해주고 싶었습니다.

그래서 나에게 충분한 돈이 주어질 때만을 기다리며 살아왔습니다. 그러나 이러한 생각은 큰 착각이었음을 알게 되었습니다.

내가 사랑하는 사람들은 내게 많은 돈을 바라는 것이 아니었습니다. 마음을 나누며 대화할 수 있는 시간, 고맙다는 진심의 말 한마디, 이해하며 위로해줄 수 있는 마음과 중보기도가 필요했던 것입니다. 하나님께서도 크지 않더라도 지금 드릴 수 있는 헌신과 나눔, 매 순간 드리는 나의 섬김을 기뻐하실 것입니다.

지난날은 물질적인 큰 보답만을 생각하느라 제일 중요한 것을 놓치고 살았던 것 같습니다. 그러나 이제는 지금 드릴 수 있는 섬김과 나눔으로 사랑이 풍성한 삶을 살아가려 합니다.

"너를 사랑하는 사람들은 너에게 돈을 바라는 것이 아니란다. 돈에 상관없이 지금 네가 베풀 수 있는 사랑의 섬김을 기대하고 있는 거야. 사랑이 담긴 진실한 행함보다 더 값진 것은 없단다."

자녀들아 우리가 말과 혀로만 사랑하지 말고
행함과 진실함으로 하자

- 요한일서 3장 18절 -

거룩한 부자가 되고 싶어요

아무리 욕심이 없다 해도 넉넉한 삶을 뒤로 하고 돈이 부족한 삶을 택할 사람은 없을 것입니다. 저 역시 부자가 되고 싶습니다. 이럴 때 무엇이든 들어주는 지니와 같은 요정이 나타난다면 어떨까 생각해봅니다.

그런데 우리에겐 지니보다 더 위대한 분이 계십니다. 바로 솔로몬의 꿈에 나타나셨던 하나님입니다. 네가 원하는 것을 구하면 주겠다는 하나님의 기가막힌 제안에 그는 부귀영화가 아닌 지혜를 말합니다. 그러자 하나님께서는 기뻐하시며 그가 구하지 않은 부귀와 영광까지 아낌없이 부어 주셨습니다.

이미 다 가진 왕이었으니 당연하다는 생각도 들었지만 중요한 사실은 솔로몬은 자신의 욕심보다 하나님의 일이 먼저였다는 것입니다.

지금 내가 구할 것은 물질의 축복보다 물질의 축복을 받았을 때 올바르게 사용할 수 있는 지혜를 구하는 것이었습니다.

물질을 주시는 분은 하나님이시니, 우리가 부요해지려면 그분을 기쁘게 해드리는 것이 가장 확실한 방법 아닐까요? 주님이 가르쳐주신 방법을 간구하며, 우리 모두 거룩한 부자가 되길 소망합니다.

"내가 네게 맡긴 재물, 시간과 재능을 선하고 바르게 사용할 수 있는 그때를 기다리고 있단다. 그러니 세상의 부자가 되는 방법들은 접어두고 거룩한 부자가 되는 참된 지혜를 구하렴."

그런즉 너희는 먼저 그의 나라와 그의 의를 구하라
그리하면 이 모든 것을 너희에게 더하시리라

– 마태복음 6장 33절 –

내 것도 없는데 어떻게 베풀 수 있나요

지하철을 타면, 구걸하는 사람을 종종 보게 됩니다. 평소 불우한 이웃을 도와야 한다는 말씀을 많이 들어서인지 도와야겠다는 생각이 들지만 모른척 할 때가 많았습니다.

많지 않은 월급으로는 내 생활하기도 빠듯했고, 술과 담배를 구입해 몸을 상하게 하거나 돈을 벌기 위한 사기극을 벌이는 일도 있다고 하니 더 내어주면 안 되겠다는 생각이 들었기 때문입니다.

그러나 하나님께서는 나의 베품이 어디에 어떻게 쓰이는지가 중요하지 않으셨습니다. 그저 어려운 이웃을 도우려는 마음의 준비가 되어있는지에 관심이 있으셨습니다.

결과를 생각하고 누군가에게 베풀다보면 온전하게 기쁨으로 하기는 힘든 것 같습니다. 그래서 이제는 값없이 주고 나눌수록 채워지는 구제의 참 기쁨을 누리길 소망합니다.

돈이 많아야 나눌 수 있는 건 아닙니다. 오히려 적을 때 베푸는 것이 더 값집니다. 내 것이 부족하지만, 그들은 나의 부족한 만큼도 없는 이들입니다. 나눌수록 채워지는 말씀의 역사가 내 삶에 이루어지길 기도합니다.

"나는 네 베풂의 결과보다 그저 성실하게 어려운 이웃을 도우려는 너의 마음에 더 관심이 많단다."

구제를 좋아하는 자는 풍족하여질 것이요
남을 윤택하게 하는 자는 자기도 윤택하여지리라

- 잠언 11장 25절 -

5장

만남을 예비하시는 하나님

제가 만나고 싶은 사람은요

고등학생 때부터 만나고 싶은 사람의 모습을 상상하며 기도제목을 적어왔습니다. 기도문에는 내가 원하는 완벽한 배우자를 위한 외적인 조건과 성품이 자세하게 적혀 있었습니다.

기도제목 속의 배우자는 누구에게 보여도 남부럽지 않을 그런 사람이었습니다. 남에게 보이기에 자랑이고 부러움의 대상이 될 수 있는 배우자를 바랐던 것이죠. 그러다 문득 나의 모습이 보였고, 곧 이런 생각이 들었습니다.

'나는 어느 누구 앞에서도 꿀리지 않는 완벽한 대상이 될 수 있을까?'

하나님은 배우자를 나의 장식품으로 여기지 않길 바라셨습니다. 그렇기 때문에 남에게 보이기 위한 장식이 아닌 서로가 서로에게 아름다운 보석이 되어 줄 수 있는 만남을 예비하십니다.

우리는 어떤 누구에게도 완벽한 이상형이 될 수는 없는 것 같습니다. 부족한 부분은 서로가 채워주며 서로에게 감사할 수 있는 만남을 꿈꾼다면 하나님께서는 반드시 평생 가지고도 질리지 않을 아름다운 보석 같은 배우자를 만나게 하실 것입니다.

"얘야, 너를 빛나게 해주는 사람도 좋지만 서로에게 빛이 되어줄 수 있는 사람을 만난다면 보다 더 큰 행복을 알게 될 거란다."

너희의 단장은 머리를 꾸미고 금을 차고
아름다운 옷을 입는 외모로 하지 말고
오직 마음에 숨은 사람을 온유하고
안정한 심령의 썩지 아니할 것으로 하라
이는 하나님 앞에 값진 것이니라

- 베드로전서 3장 3,4절 -

신앙은 기본이고..

같이 다닐 때 안 빠질 정도의 외모면...!!

그렇구나 ^^

근데 어쩌지, 그 사람의 이상형은..

외모: 여배우급
학력: 외국대
몸매: 34.25.34
성격: 최상급

아...

저의 배우자가 맞나요?

좋아하는 사람이 생겨서 하나님께 기도를 드렸던 적이 있습니다. 기도를 하면 '이 사람이 너의 배우자다!' 혹은 '아니다!'라고 명확한 응답이 올 것이라 기대하며 시작했습니다. 하지만 끝내 어떠한 음성도 듣지 못했습니다.

내가 누군가를 사랑하게 되니 나에게 이뤄지는 모든 일들이 그 사람이 응답이어서 일어나는 상황 같았습니다. 내 멋대로 표적을 정해놓고 응답인지 아닌지를 시험하기도 했습니다. 틀렸을 때는 갖가지 이유를 대며 다시 해보기로 하고, 맞아 떨어지면 역시 응답이었다는 식의 말도 안 되는 답을 내렸습니다.

마음에 이미 정해놓은 사람이 있으니 객관적으로 생각하기가 힘들었던 것 같습니다. 말로는 하나님의 음성을 듣기 원한다면서 사실은 거부하고 있었던 것인지도 모릅니다.

정말 하나님이 원하시는 배우자를 만나기 위해서는 지금 내가 사랑하는 사람을 내려놓아야 했습니다. 내가 원하는 사람과 하나님이 예비하신 사람은 다를 수 있기 때문입니다.

후에는 이 사람이 나의 배우자인지 아닌지를 묻는 기도가 아닌, 하나님이 예비하신 사람을 만나기 원하다는 기도를 드렸습니다. 어떤 배우자를 만나게 될지 너무 궁금하고 답답했지만, 언젠가는 가장 잘 어울리는 만남을 갖게 하실 것이라는 믿음으로 말입니다.

"응답은 네가 정한 객관식 문제의 답을 듣는 것이 아니란다. 너의 마음이 정해놓은 그 사람을 내려놓고 나의 마음에 귀 기울일 때 내가 예비한 그를 만나게 될 거야."

그를 향하여 우리가 가진 바 담대함이 이것이니
그의 뜻대로 무엇을 구하면 들으심이라

- 요한일서 5장 14절 -

혹, 오늘 정심쯤 길에서 마주친다거나..

혹, 오늘 저녁쯤 전화가 온다거나

아니면..
~!!   저기,
      얘야...

저기... 내
말 좀 들어봐..

응답하소서~!!
증거를~!!

연애 경험이 풍부해야 좋은 사람을 만나죠

인기가 많지 않고 내성적이었던 저는 연애에 대해선 초보 중 초보였습니다. 그래서 그런지 이성이 주는 조그만 선물에도 쉽게 감동하고, 별 의미 없는 손짓과 말에서 마음이 흔들리기도 했습니다. 그러다 좋아하는 감정을 느끼고 마음이 커져버렸을 땐, 누구의 조언도 받아들이기가 힘들었습니다.

그 당시엔 주변 말이 모두 잔소리로 들렸고 틀린 말같이 느껴졌지만, 지금 생각해보면 그만한 정답이 없었습니다. 만약 그때의 조언들을 무시하고 내가 하고 싶은 대로 했다면 후회할 만한 경험들을 하게 되었을지도 모릅니다.

연애경험이 풍부해야 좋은 사람을 만날 수 있다는 말을 들은 적이 있습니다. 실제로 경험만큼 좋은 배움은 없는 것 같습니다. 다만 굳이 하지 않아도 되는 경험들은 피하며 알아가는 것이 더 좋은 배움이 되지 않을까 합니다. 그래서 나보다 많은 세월을 살아온 분들의 조언은 저에게 정말 좋은 배움이 되었습니다.

그리고 그 조언들은 콩깍지가 씌어져 올바른 판단이 힘든 나에게 보내신 하나님의 신호였을지도 모른다고 생각합니다. 하나님은 나의 삶이 좋은 경험으로 가득하길 누구보다 원하시는 분이니까요.

"네 말대로 경험만큼 좋은 배움은 없단다. 그러나 너에게 나쁜 기억으로 남게 될 경험들은 하지 않았으면 좋겠구나. 너를 지키기 원하며 바른 길로 인도하길 원하는 나의 마음을 알아주길 바란다."

말하기를 내가 어찌하여 훈계를 싫어하며
내 마음이 꾸지람을 가벼이 여기고 내 선생의 목소리를 청종하지 아니하며
나를 가르치는 이에게 귀를 기울이지 아니하였던고
많은 무리들이 모인 중에서 큰 악에 빠지게 되었노라 하게 될까 염려하노라

- 잠언 5장 12~14절 -

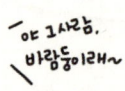

언제 만나게 해주실 거예요

배우자를 만나기 전까지는 다른 이성을 짝사랑하거나, 마음 아픈 이별을 경험해보기도 합니다. 꼭 교제를 하지 않더라도 다양한 이성과의 어울림을 통해 우리는 감정을 알아가고, 사랑을 위한 배려와 이해를 배우며 성장합니다.

그 당시 남자친구를 한 번도 사겨본 적 없었던 저는 친구들에게 이성과의 교제에 대한 이야기를 들을 때면, 나의 배우자는 언제쯤 나타나려는지, 그때가 언제쯤일지, 어떤 사람일지 무척이나 궁금했습니다.

그러던 중 13살 많은 지금의 남편에게 배우자로서의 고백을 받게 되었고, 절대 불가능할 것 같았던 우리의 결혼은 약 7년간의 시간이 흐른 뒤에야 이룰 수 있었습니다. 쉽지 않았던 과정에 오랜 시간을 겪으며 힘들 때도 많았지만 만약 그 시간이 없었다면, 우리는 서로에게 가장 잘 맞는 배우자로서의 모습을 갖추지 못했을 거란 생각이 듭니다.

기다림의 시간은 앞으로 배우자와 함께 살면서 닥쳐올 여러 가지 어려움을 극복하고, 행복한 가정을 이끌어 가기 원하시는 하나님의 바람이 담겨져 있었습니다. 그 기다림의 모습과 기간은 모두가 다 다르겠지만, 확실한 것은 구하는 자들에게는 하나님께서 서로에게 아주 적절한 때에 만나게 하신다는 것입니다.

"오랜 기다림이 지치고 힘들기도 할 거야.
그러나 고민하며 기도하고 인내하는 시간들은
나중에 네가 행복한 가정을 이루기 위한
좋은 훈련의 시간들이 되어 줄 거란다."

너희에게 인내가 필요함은
너희가 하나님의 뜻을 행한 후에
약속하신 것을 받기 위함이라

- 히브리서 10장 36절 -

주일마다 누굴 위해 치장하는 걸까요

주일에는 제일 아름다운 모습으로 교회를 갑니다. 노메이크업과 대충 입은 옷으로는 절대 교회에 갈 수 없습니다. 제일 예쁜 여자로 보여야 하기 때문이죠. 하나님이 아닌 내가 좋아하는 그 사람에게 말입니다.

교회에 좋아하는 이성이 생기고부터 하나님에 대한 마음은 점점 멀어져갔습니다. 좋아하는 사람을 위해 치장을 하느라 예배시간에 늦는 건 일도 아니고, 설교시간에 졸지 않으려고 엄청 애썼지만 사실은 그 사람에 대한 시선을 신경썼던 것이지 목사님 말씀은 안중에도 없었습니다. '이러면 안 되는데' 하는 마음의 찔림은 있지만 변화되지 않는 나의 모습에 한동안 자책하고 괴로워하기도 했습니다.

하지만 이런 연약한 나를 하나님께서는 마냥 기다려주셨습니다. 저에게 끊임없는 마음의 찔림을 주시며, 하나님의 마음을 표현해 주셨거든요.

지금도 하나님을 만나는 주일엔 가장 좋은 옷을 입고 외모를 꾸미고 갑니다. 그러나 전과 달리 지금은 정말 예배를 사모하며 은혜를 구하는 마음이 더 큽니다. 연약한 나를 변함없이 기다려주셨던 하나님의 은혜로 인하여 이젠 저에게 없어서는 안 될 존재이심을 깨달았기 때문입니다.

"우선순위가 바뀐 네 마음 때문에 고민을 한다는 것은 이미 네가 나의 음성을 듣고 있다는 증거이기도 하단다. 지금 그 마음을 잊지 않고 간다면 언젠가 모든 것이 제자리로 돌아오게 될 거야."

내 양은 내 음성을 들으며
나는 그들을 알며 그들은 나를 따르느니라

- 요한복음 10장 27절 -

그 사람의 단점만 보여요

교제를 시작하고 많은 시간을 함께 보내다보니 전에는 보이지 않던 단점들이 보이기 시작했습니다. 눈에 거슬리기 시작하니 그 단점을 어떻게든 고치려고 그에게 여러 가지 요구사항을 내놓았습니다.

그를 위한 일이라 생각하고 했던 말들이었지만 결국, 그의 자존심만 상하게 했습니다.

생각해보니 나는 사랑하는 사람에게는 좋은 말만 듣길 원했습니다. 남자친구만은 내가 아무리 잘못하고 부족해도 격려해주길 바랐고, 언제나 내편이길 바라고 있었던 것입니다. 그러나 정작 저는 남자친구의 모든 것을 받아들이지 못했습니다.

내가 사랑받기 원하는 만큼 남자친구 역시 나에게 그런 사랑을 받길 원했을 것입니다. 매일 죄 가운데 살아가는 내가 염치를 무릅쓰고서라도 하나님께 사랑받길 원하는 것처럼요.

변화는 상대방의 부족함을 고치려고 하기보다는 포용해주고 사랑으로 대할 때 시작되는 것 같습니다.

'기분 나빠서 내가 고치고 만다!'라기보단 '이렇게 나를 사랑해주는 당신을 위해서라면 기꺼이 고치고 말겠어!'라는 동기가 더 빠르고 좋은 변화를 불러올 테니까요.

"너의 마음이 그렇듯 너에게 최고의 배우자로 인정받길 원하는 그의 마음을 들여다봐주렴. 좋은 변화는 그의 부족함을 고치려하기보다 포용해주고 격려할 때 시작된단다."

새 계명을 너희에게 주노니 서로 사랑하라
내가 너희를 사랑한 것 같이 너희도 서로 사랑하라

- 요한복음 13장 34절 -

사랑이 변할까봐 두려워요

예전부터 사람을 만나면 이 관계가 깨질까봐 미리부터 염려했고, 나를 싫어할까봐 두려운 마음이 들곤 했습니다.

배우자가 될 사람에게도 이 마음은 같았습니다. 나에 대한 사랑을 계속 확인하며, 나에 대한 마음이 변했는지를 시험하곤 했습니다.

나를 사랑하는 사람의 마음을 힘들게 하면서 사랑을 확인한다는 것은 정말 해서는 안 되는 이기적인 방법이었지만, 알면서도 상대를 계속 힘들게 했습니다.

애초부터 변하지 않을 거란 마음을 버려야 했습니다. 이 마음은 관계에 불안함을 더하고, 나아가 구속이나 끝없는 의심으로 사랑하는 이를 더 지치게 만들었기 때문입니다.

그래서 하나님보다 더 사랑하는 것이 없어야 한다고 하셨나봅니다.

하나님은 우리 부부에게 가장 좋으신 중재자이십니다. 변함이 없으신 하나님께는 매어 살수록 축복이 더해지며, 오히려 내 마음의 중심에 하나님이 계셔서 사랑받고 싶은 이에게 더 쿨하고 매력있는 아내 또는 남편이 될 수 있게 하시니까요.

"영원히 변함없는 나의 무한한 사랑으로
너의 마음을 가득 채우렴.
나의 사랑이 네 안에 충만할 때
그에 대한 구속과 의심은 사라지고 변치 않는
관계를 유지할 수 있단다."

내가 이르노니 너희는 성령을 좇아 행하라
그리하면 육체의 욕심을 이루지 아니하리라

- 갈라디아서 5장 16절 -

꼭 결혼을 해야 하나요?

"결혼을 해보니 어때?"
이런 질문을 받게 되면 저는 결혼하길 참 잘했다고 얘기합니다.

저에게 있어서 결혼은 인생의 큰 전환점이 되었기 때문입니다. 백날 꿈만 꾸었던 비전을 실현해나갈 수 있도록 응원해주는 든든한 지원군이 생겼거든요. 평소 약한 의지력과 들쑥날쑥한 감정으로 어떤 일을 해내기가 힘들었는데, 결혼한 이후로는 남편의 끊임없는 격려와 사랑 덕분에 이 연약함이 회복되어져 갔습니다.

하나님께서는 혼자 있는 아담의 모습을 보시고 그를 위해 돕는 배필을 만들어 주셨습니다.

이처럼 서로가 돕는 배필이 되어 배우자의 부족함을 채워주고 하나님의 나라와 뜻을 이루어 가는 가정이 되라는 것, 이것이 하나님께서 나에게 깨닫게 하신 결혼의 참의미였습니다.

때론 힘겨울 수 있는 나날을 같이 헤쳐 나갈 수 있고, 서로 부족함을 채워주며 서로에게 힘이 되어줄 수 있는 배우자를 만나는 것은 하나님의 인도하심이 없었다면 어려웠을지도 모릅니다. 그래서 결혼은 내게 주신 정말 큰 축복인 것 같습니다.

"인생에 닥쳐 올 고난을 함께 이겨내고
서로의 부족함을 채워줄 수 있는
배우자를 만나게 한 것은,
내가 너를 위해 준비한 선물이란다."

여호와 하나님이 가라사대 사람의 독처하는 것이 좋지 못하니
내가 그를 위하여 돕는 배필을 지으리라 하시니라

– 창세기 2장 18절 –

우린 너무 달라요

연애 때는 서로가 무슨 일을 하든, 무슨 말을 하든 사랑스럽게 보였습니다. 그러나 결혼생활을 시작하면서, 연애 때는 거리낌 없었던 성격 차가 두드러지고 사소한 것까지 부딪치기 시작했습니다. 그럴 때마다 우리에게 도움이 되었던 것은 이전부터 가져왔던 대화의 습관들이었습니다.

우리는 결혼까지의 오랜 준비기간 동안 각자의 비전과 가치관 등을 많이 나누었고, 깊은 상처들도 나누었습니다. 그럼에도 결혼 초반엔 서로를 이해하는 데 무척 힘들었습니다. 아픈 내 마음만 드러내기 바빠 상대의 말을 들으려 하지 않았기 때문입니다.

나와 하나님과의 관계회복에 있어서 대화(기도)가 필수이듯, 부부와 연인 사이의 회복에서도 대화는 필수인 것 같습니다. 이로 인해 서로의 마음을 바로 볼 수 있어 오해와 의심이 사라지기 때문입니다.

대화의 시간은 하나님께서 우리에게 알려주신 최고의 관계회복 방법입니다. 대신, 나의 상처만 보상받겠다는 일방적인 호소의 시간이 아닌 상대의 마음을 헤아리고 들어줄 수 있는 이해의 시간이 되었을 때 가장 효과적이었습니다.

저희 부부는 여전히 생각도 많이 다르고 성격도 다릅니다. 그러나 걱정하지 않습니다. 우리는 그 어떤 시간보다 서로 마주하며 대화하는 시간을 즐기고 있으니까요.

"서로 다른 마음을 맞춰가는 가장 좋은 방법은 대화란다. 너와 내가 기도를 통해 서로의 마음을 듣고 느끼는 것처럼 너희도 대화를 통해 서로의 마음을 알아가렴."

근심이 사람의 마음에 있으면 그것으로 번뇌케 하나
선한 말은 그것을 즐겁게 하느니라

– 잠언 12장 25절 –

아이를 꼭 낳아야 할까요?

저는 결혼은 원했지만 아이에 대한 간절함은 없었습니다. 나의 삶과 행복이 중요했고, 나처럼 어리숙한 사람이 아이를 잘 키울 수 있을지에 대한 두려움도 있기 때문입니다.

첫째를 낳으려 할 때는 양가 부모님들에 대한 의무감 같은 마음이 컸습니다. 그러나 아이를 키우면서 그 마음은 점점 감사함으로 변해갔습니다.

직접 부모가 되고 보니 이전엔 알 수 없었던 부모님의 사랑을 이해할 수 있었고, 독생자 아들까지 내어주신 하나님의 사랑을 더 깊이 알게 되었기 때문입니다.

하나님께서 사람을 창조하셨을 때 많은 자녀를 낳고 번성하여 땅에 충만하라고 말씀하셨듯이 자녀를 낳아 가정을 이루는 것은 하나님이 주시는 복이며 하나님의 뜻이기도 합니다.

자녀가 하나님이 주시는 복이라 여겨지는 순간, 더 이상 근심거리가 되지 않았습니다. 나의 생각과 뜻대로 키울 수 있는 존재가 아님을 인정하고, 하나님께 자녀의 삶을 맡기며 말씀 안에 키우기를 힘쓴다면, 자녀는 나에게 큰 기쁨이 되어줄 것을 믿게 되었으니까요.

> "주위 환경을 보면
> 너에게 큰 장애물이 될 것 같지만
> 너희를 지키고 인도하는 나를 믿는다면,
> 네 자녀는 너의 큰 기쁨이 되어줄 거란다."

보라 자식들은 여호와의 기업이요 태의 열매는 그의 상급이로다
젊은 자의 자식은 장사의 수중의 화살 같으니
이것이 그의 화살통에 가득한 자는 복되도다
그들이 성문에서 그들의 원수와 담판할 때에 수치를 당하지 아니하리로다

– 시편 127편 3~5절 –

평~생을 같이 살아야 해요?

저와 남편은 13살 차가 납니다. 나이 차 때문에 결혼은 쉽지 않은 결정이었습니다. 이 정도의 감정으로 결혼을 해도 되는 건가 싶고, 아무것도 갖춰진 게 없는데 결혼하려니 걱정이 앞섰습니다.

하나님이 만나게 하신 만남임을 확신했음에도 두 사람의 한 집 생활은 평탄할 수가 없었습니다. 다른 환경에서 자라온 두 사람의 생활 방식과 습관 등이 다를 수밖에 없었고, 그로 인한 실망과 상처도 꽤나 컸습니다. 그래도 지금까지 우리가 잘 살 수 있는 것은 사랑을 밑바탕으로 한 '섬김'과 '배려'였습니다. 저는 남편의 내면을 이해하기 위해 노력했고, 남편은 저를 배려하며 사랑으로 대해 주었습니다.

성경에 '아내는 남편에게 주께 하듯 순종하고, 남편들은 자기 아내 사랑하기를 자기 몸을 사랑하듯이 하라'고 말씀하십니다.

이 말씀은 우리 부부가 평생을 함께할 수 있는 방법을 깨닫게 해줬습니다. 남편의 희생적인 사랑이 없었다면 저는 남편에게 순종하며 세워주기가 어려웠을 것입니다. 또한 제가 남편의 자존심을 깎아내리고 무시했다면 남편도 온전한 사랑이 힘들었을지도 모릅니다.

우리 부부는 해가 지날수록 서로가 하나님이 예비하신 배우자라고 확신합니다. 이렇게 말할 수 있는 이유는 하나님께서 깨닫게 해주신 부부의 사랑법이 우리 안에 온전히 결실을 맺어가고 있기 때문입니다.

"남편은 자기 자신을 사랑하는 것처럼 아내를 사랑하고, 아내는 남편에게 순종해야 한다는 것을 마음에 새겨두렴. 이것이 서로 다른 두 마음이 만나 한마음이 되어 평생 함께 행복할 수 있는 방법이란다."

아내들이여 자기 남편에게 복종하기를 주께 하듯하라
남편들아 아내 사랑하기를 그리스도께서 교회를 사랑하시고
그 교회를 위하여 자신을 주심같이 하라

– 에베소서 5장 22, 25절 –

" 마음의 꽃이 시들지 않도록
성김과 배려로 잘 돌봐 주렴^^ "

6장

화목하게 하시는 하나님

하나님을 믿지 않아도 잘만 살아요

하나님을 믿지 않는 사람들의 잘됨을 보고 있을 때면 '하나님 몰라도 잘 먹고 잘 사네~' 하며 비아냥거리곤 했습니다. 그러다가도 '어차피 저 사람은 천국에 가지도 못하는데, 무슨 소용이야~'라면서 그들보다 못한 나의 삶을 위안 삼기도 했습니다.

그러던 어느 날, 하나님을 모르는 사람이 잘 되는 것은 안타까운 일이라는 설교 말씀을 듣게 되었습니다. 그들은 자신의 능력과 힘을 믿고 살아가기 때문에 하나님을 찾을 필요를 못 느낀다는 것입니다.

순간, 하나님을 모르는 그들의 삶을 보며 비아냥거렸던 나의 모습이 창피했습니다.

그들이 세상에서 아무리 잘나간다 하여도 이미 천국이 보장된 삶을 살고 있는 우리와는 비교할 대상이 아닌 것 같습니다.

하나님께서는 세상 모든 사람이 구원받길 원하십니다. 그러한 뜻을 따라 이 땅 모든 곳에 복음이 전파되기를 기도하며, 하나님을 모르는 이들을 중보할 수 있는 삶을 살길 소망합니다.

> "너는 이 세상을 주관하시는 왕의 자녀임을 잊지 말고, 왕의 자녀답게 나를 모르는 자들을 위해 중보할 수 있는 크고 넓은 마음을 가지렴."

**하나님은 모든 사람이 구원을 받으며
진리를 아는 데에 이르기를 원하시느니라**

- 디모데전서 2장 4절 -

용서가 쉽게 안 돼요

상처받은 기억은 쉽게 잊혀지지가 않습니다. 그래서 상처준 사람을 용서하기가 더 쉽지 않은 것 같습니다.

용서가 되지 않을 때의 나의 모습은 상처준 사람에 대한 불만과 억울함으로 가득차 이에 대한 보상을 받기 위해 어떻게든 상처 입은 내 마음을 내보이며 분출하고만 싶었습니다.

그러나 워낙 말주변이 없는 탓에 따지지도 못해 속으로 삭히며 글을 쓰기 시작했습니다. 처음 일기장을 만들어 나의 격해진 감정과 마음을 마음껏 써내려 갔습니다. 창피했던 일, 잘못했던 일 등 내가 받은 상처와 느꼈던 감정들을 적기 시작했습니다. 그렇게 일기의 글은 점점 하나님을 향한 눈물의 고백으로 변해 갔습니다. 하나님께 고백을 하게 되자 곧 나를 위로하시는 사랑으로 메마른 나의 마음이 적셔지고, 용서할 수 있는 마음으로 회복되어졌습니다.

진정한 용서는 상처받고 힘들었던 나의 마음이 하나님의 사랑으로 가득채워질 때 가능했습니다. 그리고 사랑으로 가득찬 마음은 상대의 마음을 이해하고 들여다 볼 수 있는 힘을 갖게 했습니다.

마음이 상할 때면 가장 먼저 나의 상한 마음을 하나님께 고백합니다. 그럴 때 나는 하나님께 무한한 사랑과 값없는 용서의 선물을 받은 자임을 깨닫게 하심으로 마음을 회복시키시며, 용서의 마음을 가질 수 있도록 도와주실 것을 믿기 때문입니다.

"내가 너를 사랑함을 잊지 말거라.
네 마음이 나의 사랑으로 가득 차 있다면
용서는 더 이상 어려운 것이 아니란다."

그러므로 너희는 하나님이 택하사 거룩하고 사랑받는 자처럼
긍휼과 자비와 겸손과 온유와 오래 참음을 옷 입고
누가 누구에게 불만이 있거든 서로 용납하여 피차 용서하되
주께서 너희를 용서하신 것 같이 너희도 그리하고
이 모든 것 위에 사랑을 더하라 이는 온전하게 매는 띠니라

– 골로새서 3장 12~14절 –

내가 상처주는 사람이었다고요?

별 것 아닌 일에 상처받는 사람을 보면 참 피곤하게 사는 사람, 예민한 사람으로 생각했습니다. 그러나 내가 받은 상처에 대수롭지 않은 일로 넘기며 오히려 날 예민한 사람으로 취급할 땐 얼마나 화가 나는지 모릅니다.

"야, 그 정도면 괜찮은 거야."
이런 말을 남에게는 쉽게 했어도 정작 내가 받아들이려니 반감부터 들었습니다. 내가 겪은 아픔은 나만큼 잘 아는 사람이 없으니까요.

같은 말이어도 누군가에겐 무덤덤한 말이고, 누군가에겐 기분 상하는 말일 수 있습니다. 그렇기에 상처라는 것은 나의 기준으로 판단할 수 있는 것이 아닌 것 같습니다.

나도 모르게 무심코 내뱉은 말이 누군가에겐 상처가 될 수도 있다고 생각하니, 난 상처 주지 않으려 애쓰는데 왜 사람들은 나에게 상처만 줄까라고 생각했던 것 자체가 교만이었음을 깨닫습니다.

결국 우리는 재판관이신 하나님 앞에 모두가 피해자이며 가해자의 삶을 살고 있습니다. 그런데 이보단 부모되신 하나님 앞에 모두가 형제 자매일 때가 더 보기 좋지 않을까 하는 생각이 듭니다. 서로를 위해 한 번 더 생각하고 이해와 배려 속에 산다면 우리는 최고의 동역자를 얻게 될 것이라 믿습니다.

"말은 사람을 살리는 양약이기도 하지만, 죽이기도 할 수 있는 무서운 무기가 될 수 있단다. 그러니 언제 어떻게 상처를 줄지 모르는 상황을 위해 항상 너의 마음 그릇에 선한 것으로 가득 채워 대비하여야 한단다."

선한 사람은 마음의 쌓은 선에서 선을 내고
악한 자는 그 쌓은 악에서 악을 내나니
이는 마음의 가득한 것을 입으로 말함이니라

- 누가복음 6장 45절 -

저 사람은 축복받을 자격이 안 되는데요

평소 행실이 좋지 않던 사람이나 나와 사이가 좋지 않은 사람이 축복을 받았다는 얘기를 들으면 엄청 속이 상합니다.

하나님은 왜 저런 사람한테 축복을 주시는 건지 도무지 이해가 되지 않았습니다. 내가 보았을 땐 축복받을 자격이 전혀 없는 사람인데 말이죠.

생각해보니, 이런 마음이 들었던 것은 내게 보이지 않는 상대의 마음과 내면은 상관없이 내 눈에 보이는 모습만을 가지고 상대를 판단했기 때문이었습니다.

그런 나와는 다르게 하나님께서는 어떤 누구도 정죄하지 않으시며 사람의 내면 깊은 곳까지 모든 것을 다 알고 계시는 분이시기에, 나 역시 질투하고 시기하는 마음이 있음에도 불구하고 하나님의 은혜로 살아갈 수 있었습니다.

그분이 하시는 일을 감히 어떤 사람이 판단하고 정죄할 수 있는가

했는데, 그 무서운 일을 바로 제가 하고 있었습니다.

이제 저는 어떤 누구도 판단할 수 없고 정죄할 수 없습니다. 그랬다간 나도 누군가에게 축복받을 자격이 없는 사람이 돼 버릴테니까요.

"나는 너희의 재판관이며 부모이고, 너희는 서로 사랑하며 살기 위해 지어진 나의 백성이며 자녀란다. 그러니 서로 상처만 주는 정죄와 판단은 모두 접어두고 모든 문제를 나에게 맡기렴."

형제들아 서로 비방하지 말라 형제를 비방하는 자나 형제를 판단하는 자는
곧 율법을 비방하고 율법을 판단하는 것이라
네가 만일 율법을 판단하면 율법의 준행자가 아니요 재판관이로다
입법자와 재판관은 오직 한 분이시니 능히 구원하기도 하시며
멸하기도 하시느니라 너는 누구이기에 이웃을 판단하느냐

– 야고보서 4장 11~12절 –

잘해 주고 싶지만, 쉽게 안 돼요

살다보면 이해하려 해도 도저히 그럴 마음이 안 생기는 사람이 있습니다.

후질근한 옷차림에 가까이 가면 냄새가 날 것 같은 사람, 분위기 깨는 말로 대화의 흐름을 끊어놓는 사람, 잘난 척하며 자기밖에 모르는 사람 등 그들은 나에게 특별하게 잘못한 일이 없는데도 그냥 왠지 싫은 사람입니다. 이런 사람들은 대부분 비호감형이라며 무시하거나 가까이 하길 꺼려했습니다.

차별을 두고 사람을 대해서는 안 된다는 것을 알고 있음에도 자꾸만 사람을 외모로 판단하고 차별하는 나의 모습을 볼 때마다 왜 이런 죄의 마음을 떨쳐버릴 수 없는지 고민이 되었습니다.

그러던 중 사람을 차별하지 않고 대하는 것이 누구에게나 쉬운 일이었으면, 하나님께서 이웃 사랑이 최고의 법이고 칭찬받을 일이라는 말씀을 하지 않으셨을 거라는 설교말씀을 듣게 되었습니다. 어렵고 힘든 일이기 때문에 그 일을 해냈을 때는 칭찬받아 마땅하다며 예수님께서 기뻐하실 것이라는 말씀이었습니다.

나를 사랑하는 것처럼 모든 이웃을 사랑하는 건 참 어렵습니다. 하지만 그럼에도 노력하는 마음, 말씀대로 살기 위해 고민하는 마음을 하나님께서 긍휼히 보고 계실 것이라 믿습니다. 그래서 오늘도 이웃사랑을 위해 한 발짝씩 떼며 더 가까워져 있을 내일을 바라보며 나아갑니다.

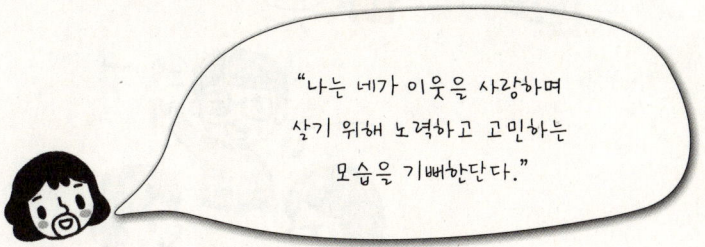

"나는 네가 이웃을 사랑하며 살기 위해 노력하고 고민하는 모습을 기뻐한단다."

너희가 만일 성경에 기록된 대로 네 이웃 사랑하기를 네 몸과 같이 하라 하신 최고의 법을 지키면 잘하는 것이거니와 만일 너희가 사람을 차별하여 대하면 죄를 짓는 것이니 율법이 너희를 범법자로 정죄하리라

- 야고보서 2장 8~9절 -

나는 뭘 해도 괜찮죠

무조건적으로 나를 지지해주는 든든한 빽이 있다는 건 정말 행복한 일이지만 나를 불행하게 만드는 일일 수도 있습니다.

든든한 빽은 저의 낮았던 자존감을 높여 주었고, 나라는 존재의 특별함을 발견하게 해준 축복 그 자체였습니다. 그러나 저의 높아진 자존감은 곧 교만함으로 변질되어 갔습니다.

내게 온 축복의 자리를 역으로 이용해 내가 왕이라도 된 것 마냥 버릇없는 행동과 분수에 맞지 않는 말들로 교만하게 사람들을 대했습니다. 일할 때에도 어렵고 귀찮은 일에는 쏙 빠지고, 돋보이고 쉬운 일만 골라서 하면서도 아주 당당하게 행동했습니다. 결국 하나님은 축복의 자리를 내어놓게 하셨고, 나의 잘못된 마음을 훈계하시며 삶속에서 깨닫게 하셨습니다.

하나님이 높여주실수록 나는 더 낮은 자리로 눈을 돌려야 합니다. 그곳이 내게 주신 축복의 자리임을 기억하며 끝까지 잘 관리하는 방법입니다.

하나님께서 내게 축복을 주셨던 것은 나를 통해 영광 받으시기 위한 것임을 다시 한 번 깨닫습니다. 이젠 축복의 자리가 죄의 자리가 되지 않도록 하나님 앞에, 이웃 앞에 항상 겸손해지길 기도합니다.

"내가 준 축복의 자리가 죄의 자리가 되지 않도록 높아지는 마음을 낮추길 힘써야 한단다. 이것이 네가 받은 축복을 오랫동안 지키는 방법이야."

사람이 교만하면 낮아지게 되겠고
마음이 겸손하면 영예를 얻으리라

- 잠언 29장 23절 -

나만 손해예요

프리랜서로 일을 시작하면서 제일 힘들었던 것이 값을 정하고 제시하는 일이었습니다. '이 정도면 괜찮을까?' '비싸다고 거절 당하면 어쩌지?' 하는 생각 때문에 애를 먹곤 했었죠.

그러다 나보다 더 비싸게 받는 경쟁 업체를 보거나 너무 싸게 받는 것 아니냐는 주변 지인의 말을 듣다보면 내가 손해 보는 것 같아 억울한 마음이 들었습니다. 그래서 조금 욕심 부려 가격을 올려 받으면 고객들은 하나같이 작업을 맡기지 않았습니다.

다른 이들과 비교했을 때 손해 보는 것 같고, 조금 더디게 가는 것 같지만 사실은 하나님이 처음 내게 정해주신 기준에서 벗어나지 않는 것이 제일 안전하고 바르게 가는 길이었습니다.

이제는 누구에게도 당당하고 정직한 선한 사업을 하길 기도합니다. 순간의 욕심으로 기준점이 흔들릴 때마다 유혹의 끈을 단칼에 자를 수 있도록 말입니다.

"살다보면 손해보는 것 같은 마음이 들 때가 많을 거야. 그러나 그때마다 내가 기뻐하는 것을 기준으로 삼고, 나와 세상 앞에 정직한 것을 선택하렴. 정직한 너에게는 좋은 것을 아끼지 않을 내가 있으니."

속이는 저울은 여호와께서 미워하시나
공평한 추는 그가 기뻐하시느니라

- 잠언 11장 1절 -

난 그저, 도움을 주고 싶었을 뿐이에요

누군가가 나에게 고민을 말하면 해결해줘야겠다는 생각부터 했습니다. 도움을 요청하는 말로 들렸거든요. 그래서 성경 말씀과 경험담을 총동원해 그럴듯한 해결책을 내놓으며 내심 뿌듯해 했습니다.

어떤 날은 나도 누군가에게 고민을 털어놓습니다. 상대 역시 나에게 똑같이 말씀에 빗대어 자신의 경험담을 이야기하며 해결책을 주려합니다. 근데 어찌된 일인지 괜히 말했다 싶습니다. 곧 이런 생각이 들었거든요.
'그거라면 나도 이미 알고 있는데, 잘 안 되는 걸 어떻게 해.'

혹시 무슨 도움이 될까 싶어 내가 받은 은혜의 간증을 했다가 도리어 하나님께 반감을 갖게 할 수도 있고, 나의 경험을 담은 조언이 부담스러운 강요가 될 수도 있다는 생각이 들었습니다. 사실, 알고 보면 고민했던 문제들은 몰라서 해결 못하는 것보다 알고는 있지만 안 돼서 힘든 것이 훨씬 많기 때문입니다.

아마 상대가 내게, 내가 상대에게 고민을 이야기하는 것은 누구나 뻔히 아는 정답 같은 해결책을 바라는 것이 아니었을 겁니다. 그냥 나의 마음을 들어주길 원했던 것일지도 모릅니다. 그래서 내가 할 수 있는 건 오직 들어주는 마음과 진심이 담긴 중보 기도뿐인 것 같습니다. 해결은 언제나 그랬듯 하나님이 해주실 테니까요.

"너희는 서로의 문제와 고민을 위해 진심을 다해 기도로 중보하며 서로의 마음을 헤아려 주렴. 문제의 해결은 나 여호와가 할테니."

서로 마음을 같이하며 높은 데 마음을 두지 말고
도리어 낮은 데 처하며 스스로 지혜있는 체하지 말라

- 로마서 12장 16절 -

자꾸 사람을 의지하게 돼요

인생이 잘 풀리고 어려움 없이 매일이 순탄하면 좋겠지만, 우리에겐 계속해서 수많은 문제와 걱정들이 생깁니다. 그럴 때 저는 보이지 않는 하나님보다는 나와 대면할 수 있고 맘이 잘 맞는 사람을 먼저 찾았습니다. 어쩌다 도움이라도 받게 되면 그 사람을 더욱 의지하곤 했습니다.

이렇게 마음이 잘 맞고 내게 유익을 주는 사람을 만나면 끝까지 함께하고 싶지만, 오랫동안 관계를 잘 유지하기란 참 힘든 일인 것 같습니다.

정말 사랑했던 사람이라도 이별할 땐 가차 없이 떠날 수 있는 마음이 생기는 것처럼, 어떤 이유로든 어느 날 갑자기 서로의 곁을 떠날 수도 있는 것이 우리 인간이기 때문입니다.

그렇기에 사람을 의지하는 마음이 커지는 만큼 사람을 잃을 때 오는 상처와 아픔도 큰 것 같습니다.

이제는 나와 변함없이 함께하시며 절대 떠나지 않으시는 하나님만 의지하기 원합니다. 그럴 때 하나님은 나와 잘 맞는 사람들을 보내주시고 그들을 통해 도움을 얻게 하시며, 서로 좋은 관계를 잘 쌓을 수 있도록 이끌어주실 것을 믿습니다.

"변함없이 너와 함께하는 이를 잊지 말거라.
그리고 너희 인생의 주관자는
나 여호와 외에 아무도 없음도 잊지 말거라."

내가 두려워하는 날에는 내가 주를 의지하리이다
내가 하나님을 의지하고 그 말씀을 찬송할지라
내가 하나님을 의지하였은즉 두려워하지 아니하리니
혈육을 가진 사람이 내게 어찌 하리이까

– 시편 56편 3~4절 –

불의에 맞설 용기가 없어요

사춘기 무렵, 반에서 왕따를 당하는 아이를 보아도 도와주지 못했습니다. 나도 같이 왕따가 될까봐 두려웠기 때문입니다.

그런데 지금 다시 그때로 돌아간다 해도 여전히 그럴 수 있는 용기가 없다는 것이 나의 약해빠진 현실입니다. 불의에 맞서는 건 당연히 해야 할 일이지만 내가 지켜야 할 것이 생긴 지금은 변해가는 세상이 두려워 더 힘들어짐을 느낍니다.

그저 내가 할 수 있는 건, 악한 길에 서지 않으려 애쓰고 나의 자녀가 악한 길에 서지 않도록 말씀으로 잘 이끄는 것입니다. 그리고 나의 작은 재능이라도 쓰시겠다면 지금 내가 할 수 있는 그림과 글로 하나님의 선한 길을 세상에 알리는 것뿐입니다.

안타까운 일이지만 점점 악해져 가는 세상을 막기는 많이 힘들 것 같습니다. 그러나 하나님을 믿는 우리들이 각자의 자리에서 할 수 있는 일은 분명히 있을 것이라 믿습니다.

하나님을 아는 우리가 더욱 하나님의 일에 힘쓰는 것, 악한 세상에 물들지 않고 하나님의 길을 바로 보고 가는 것, 각자의 자리에서 할 수 있는 선함을 나타내는 것, 이것이 불의에 맞서 나 자신과 우리의 소중한 것들을 지킬 수 있는 방법이 아닐까 생각해봅니다.

> "너에게 영웅과 같은 삶을 바라진 않는단다.
> 그저 너의 자리에서 네가 할 수 있는
> 선한 행위들로 세상의 빛과 희망이 되어 주렴.
> 그걸로 충분하단다."

이는 너희가 흠이 없고 순전하여 어그러지고
거스르는 세대 가운데서 하나님의 흠 없는 자녀로
세상에서 그들 가운데 빛들로 나타내며

– 빌립보서 2장 15절 –

저도 강해지고 싶어요

어떤 이들은 일반적인 보통의 삶을 거부하고, 누군가에게 두려움의 대상이 되려고 하며, 그들만의 법이 있는 세상을 만들어 살아갑니다. 말도 안 되지만 한때 그들이 사는 삶을 부러워한 적이 있습니다. 그들과 같은 힘이 있으면 누구에게도 비굴하지 않을 것 같았고, 불의에도 맞설 수 있는 정의의 사도가 될 수 있을 것 같았거든요.

그러나 힘을 가진 자가 승리하는 길은 그 힘의 크기에 따라 순위를 정했습니다. 그래서 힘이 약하면 계속 원치 않는 곳에 끌려 다녀야만 하고, 내 목소리라고는 단 한마디도 낼 수 없는 그저 강한 자의 꼭두각시인냥 옭아맨 삶을 살아야만 합니다.

사람은 사람이 부릴 수 있는 존재가 아닙니다. 하나님께서는 오직 지위와 자리에 상관없이 그저 섬기라고 말씀하셨기 때문입니다.

하나님은 당신의 자녀가 악인의 길에 서지 않길 원하십니다. 그래서 내가 잘못된 길로 가려할 땐 어떠한 힘들고 아픈 방법을 써서라도 그 길을 막으실 것입니다.

우린 자주 사망과 생명의 갈림길 앞에 서 있습니다. 어떤 선택을 할 것인지는 나의 몫입니다. 그러니 항상 나의 마음과 생각이 성령님의 인도하심 속에 거하여 생명의 길을 향해 걸어 갈 수 있기를 기도해야 할 것입니다.

"복 있는 사람은 악인들을 따르지 않는단다. 오직 말씀을 가까이하며 성령의 인도하심을 따라 살아가렴."

너는 행악자들로 말미암아 분을 품지 말며
악인의 형통함을 부러워하지 말라
대저 행악자는 장래가 없겠고 악인의 등불은 꺼지리라

- 잠언 24장 19~20절 -

7장

믿음을 성장시키시는 하나님

하나님이 벌주시는 건가봐요

어려서부터 하나님은 사랑이 많으시고 복 주시는 분이라 믿었습니다. 그러나 하나님은 우리 앞에 있는 사망과 저주까지도 주관하시는 분임을 알게 되었고, 그 후로부터 나의 삶 속에 힘들고 어려운 일은 모두 하나님이 주신 벌처럼 느껴졌습니다.

그때부터 나의 삶은 더 이상 자유하지 못했습니다. 저주를 받을까 혹은 고난과 어려움을 당할까 하는 두려움에 사로잡혀 삶의 감사와 기쁨이 점점 사라져 갔기 때문입니다. 하나님의 뜻은 내가 감사하고 기뻐하는 삶을 사는 것인데 말입니다.

부모가 자식을 훈계하는 이유는 내가 바른길로 가길 원하는 사랑의 마음으로부터 비롯된 것이지 나를 미워해서 저주하거나 옭아매기 위함이 아닙니다.

그래서 성경에 고난이 유익이라는 말씀을 하셨나봅니다. 고난을 넘어설 때마다 깨달음을 주시며, 나의 믿음을 성장시키시는 하나님의 사랑을 느낄 수 있기 때문입니다.

"고난이 유익이라 했지만 네가 지금 겪는 고난이 제일 힘든 일임을 내가 잘 안다. 그러나 반드시 내가 너에게 복 주기 위함임을 잊지 말거라. 그 마음만이 네가 고난을 넘어설 수 있는 유일한 방법이니까."

고난 당하기 전에는 내가 그릇 행하였더니
이제는 주의 말씀을 지키나이다

– 시편 119편 67절 –

하나님을 믿으면 달라질 줄 알았어요

하나님의 자녀라 택함을 받았다면, 하나님의 십자가 사랑이 믿어진다면, 성령님의 인도하심을 믿는 사람이라면, 말씀대로 나는 의인과 같이 거룩하고 죄를 짓지 말아야 하는 것이 정답입니다.

그래서 하나님 뜻대로 살고 싶다며 기도를 하지만, 매번 남을 정죄하고 질투하고 남 얘기 좋아하고 말씀묵상과 기도생활을 귀찮게 여기는 모습들이 계속 나타났습니다. 마음속으로 이러면 안 된다 싶지만, 그냥 그때뿐 아무도 나에게 뭐라 하는 사람이 없으니 대수롭지 않게 넘어가곤 했습니다.

그러다 이젠 일상적인 일들이 되어버려서 나의 눈에 띄지 않는 죄들이 점점 많아지게 되었습니다. 남 얘기는 대화의 필수 소재가 되고, 그 속에서 나오는 시기 질투 뒷담화는 이야깃감이 되어 어쩌면 가벼워 보이기 쉬운 죄들은 나의 보통의 일상이 되었습니다.

그래도 다행인 건, 하나님께서 내 안에 계신 성령님을 통해 죄로 얼룩져가는 나의 모습을 보게 하셨다는 것입니다.

내가 사는 세상은 점점 죄와 의에 대한 기준이 모호해져, 분별력이 약해져가는 나의 연약함을 위해 기도할 뿐입니다.
"성령님, 오늘 하루도 모든 죄로부터 나의 연약함을 도와주세요."

"네가 이길 수 없는 죄로부터 너를 구할 자는 오직 나 여호와뿐이란다. 그러니 더욱더 나의 말을 마음에 새겨 미혹을 이기길 바란다."

율법이 육신으로 말미암아 연약하여 할 수 없는 그것을
하나님은 하시나니 곧 죄로 말미암아 자기 아들을
죄 있는 육신의 모양으로 보내어 육신에 죄를 정하사
육신을 따르지 않고 그 영을 따라 행하는 우리에게
율법의 요구가 이루어지게 하려 하심이니라

− 로마서 8장 3, 4절 −

하나님을 믿지만 너무 창피해요

학창시절 식사 때마다 기도하는 나의 모습을 친구들이 우습게 보지 않을까 하는 마음에 3초 만에 기도를 끝내버리거나, 눈을 뜬 채 속으로만 '제 마음 아시죠, 하나님' 했던 때가 있었습니다.

교회 안에서조차 기도 중에 속 시원히 큰소리로 부르짖고 싶음에도 혹시 옆 사람이 듣지 않을까 하는 마음에 속으로만 중얼거렸던 때도 있었습니다.

저는 사람들에게 크리스천이라 말했지만, 나를 보는 사람들의 시선을 신경 쓰느라 하나님을 믿는 사람이라 여겨지는 행동들을 부끄럽게 여겼던 것 같습니다.

자녀가 부모를 자랑하고 다닐 때 기뻐하지 않을 부모는 없을 것입니다. 아마 하나님도 이 마음과 같지 않으셨을까요? 하나님의 자녀인 나에게 최고의 자랑이길 원하셨을 것입니다.

처음 한 번이 어려웠던 거지 두 번째 세 번째부터는 점점 쉬워졌고,

시선도 개의치 않게 되었습니다. 그리고 알게 되었습니다. 세상에는 생각보다 하나님을 자랑하며 드러내는 크리스천들이 많이 있다는 것을요. 이젠 나의 모든 순간에 하나님을 자랑하길 원합니다.

"살아가다보면 나의 자녀인 것이 불편하거나 부끄럽게 느껴질 때도 있을 거야. 그러나 곧 알게 될 거야. 이 세상 어떤 자리보다 복되고 귀한 자리라는 것을."

너희는 여호와께 감사하며 그의 이름을 불러 아뢰며
그가 행하신 일을 만민 중에 알릴지어다
그에게 노래하며 그를 찬양하고 그의 모든 기사를 전할지어다
그의 성호를 자랑하라 여호와를 구하는 자마다 마음이 즐거울지로다

— 역대상 16장 8~10절 —

매일 말씀묵상 = 매번 작심삼일

성경을 왜 봐야 하는지, 얼마나 중요한 일인지는 말 안 해도 알지만 매일 말씀을 본다는 것이 얼마나 힘든지 모릅니다.

성경을 읽으려 하면 무슨 할 일이 그리 많이 생기는지 창세기만 몇 번을 읽다 말았는지 셀 수도 없고, 성경을 읽어도 도통 무슨 말인지 어렵기만 합니다. 게다가 성경을 한 장 넘기기가 무섭게 내려앉는 눈꺼풀을 보자니 불면증에는 이만한 만병통치약이 없습니다.

나의 의지로 성경을 읽을 수는 있었지만 어렵고 재미가 없어 의지력은 곧 바닥이 나버렸습니다. 그래도 말씀을 읽어야 한다는 마음은 끊이지 않았고, 띄엄띄엄이라도 보려고 노력하는 중에 신기한 경험을 하게 되었습니다.

나의 상황에 맞는 말씀이 눈에 보이거나 귀에 들려와 내 마음이 회복되기도 하고 위로를 받았습니다. 어떤 날은, 예전엔 그냥 지나쳤던 성경 구절이 특별한 의미로 깨달아져서 하나님의 크신 은혜를 눈물로 경험하기도 했습니다. 그러면서 그렇게 지루했던 성경이 점점 즐겁게 느껴지기 시작했습니다.

내가 말씀을 읽고 깨닫는 것은 나의 의지와 노력으로 할 수 있는 것이 아닌, 오직 하나님의 은혜였음을 고백합니다. 결국엔 오늘도 내가 할 수 있는 것은 오직 말씀을 사모하며 하는 기도밖에 없습니다.

"성경을 읽기 위해 노력하는 것보다 깨닫기 원하는 마음을 간절히 사모하렴. 그러면 말씀의 능력이 나타나 즐거운 마음으로 성경을 찾게 될 거란다."

갓난 아이들 같이 순전하고 신령한 젖을 사모하라
이는 그로 말미암아 너희로
구원에 이르도록 자라게 하려 함이라

- 베드로전서 2장 2절 -

말씀에 집중할 수가 없어요

기억력이 그다지 좋은 편이 아닌데도 어릴 적 호기심에 몰래봤던 19금 영화들의 장면들은 지금도 잊혀지지 않고 기억이 납니다. 지우려 해도 지워지지가 않습니다.

기도하려고 눈을 감기만 하면 자극적인 장면들이 떠올라 상상이 되고, 말씀을 듣는 시간 중에도 갑자기 머릿속으로 훅 하고 들어옵니다. 이렇게 하나님과 가까워지려는 순간마다 사사건건 방해를 하는 미디어 공격은 정말 끈질기고 강한 중독성이 있어 한 번 들어오면 떨쳐내 버리기가 쉽지 않습니다.

시간이 흐를수록 잔인함, 음란함, 폭력성 등 자극적인 소재를 가진 미디어 문화들은 세상의 기준에 맞춘 작품성, 예술성 등 좋아 보이는 단어로 둔갑하여 마치 악한 것이 아닌 것처럼 나의 삶에 점점 더 쉽게 다가오고 있습니다.

그래서 하나님은 더욱 깨어 기도하라고 말씀하신 것 같습니다. 세상의 공격에 맞서기 위해서는 기도와 말씀밖에는 방법이 없으니까요.

더 이상 하나님과 나의 관계를 방해하는 또 하나의 장면이 내게 스며들지 않도록 깨어 기도하기를 소망합니다. 하나님께 도우심을 구한다면 미디어의 공격에 맞설 수 있는 강력한 영적인 힘을 주실테니까요.

"너도 느꼈을 거야. 내가 싫어하는 것들을 마음에 두는 것은 내게 오는 길을 어렵게 만드는 장애물을 두는 일이라는 것을. 얘야, 난 절대 너와 멀어지고 싶지 않구나."

너희는 이 세대를 본받지 말고 오직 마음을 새롭게 함으로
변화를 받아 하나님의 선하시고 기뻐하시고
온전하신 뜻이 무엇인지 분별하도록 하라

– 로마서 12장 2절 –

하나님이 알려주시면 안 되나요

우리는 누구나 복 받고 형통한 삶을 살기 원합니다. 그러기 위해서 나는 매 순간 하나님이 기뻐하시는 선택을 해야 한다고 생각했습니다. 그러나 하나님이 원하시는 선택을 하려 해도 뚜렷한 증거가 눈에 보이지 않고, 음성으로 들리지도 않으니 그저 답답하기만 했습니다.

계속해서 듣길 원하고, 눈에 보이는 증거를 받길 원했던 것은 나의 불확실한 미래에 대한 걱정 때문이었습니다. 또한 실패와 고난 없이 형통하길 원하는 마음에서 비롯된 것 같습니다.

그런데 만약 하나님이 선택의 순간마다 눈에 보이는 증거나 음성으로 말씀하셔서 모든 것이 정해진 삶을 살았다면 난 성공만 하며 행복하게 살 수 있었을까요? 실패를 모르니 성공을 몰랐을 거고, 고난이 없으니 감사도 없으며, 슬픔이 없으니 행복도 몰랐을 것입니다.

하나님께서 지금까지 내게 어떤 음성과 증거를 주지 않으신 이유는, 내가 보지 않고도 하나님의 살아계심을 믿는 믿음을 가지길 원하셨기 때문이었습니다. 그 믿음을 가지고 실패와 슬픔, 고난의 삶을 이겨내며 감사와 행복을 느끼고 살아가길 원하셨던 것입니다.

이제는 눈에 보이지 않고 귀에 들리지 않는 이 삶에 감사합니다. 오직 믿음으로 사는 삶이 하나님이 말씀하신 형통한 삶이라는 것을 알았기 때문입니다.

"보지 않고 나를 믿는 믿음이 있어야만
감사하며 행복을 느끼고,
사랑하며 기뻐하는 삶을 살 수 있단다."

믿음이 없이는 하나님을 기쁘시게 하지 못하나니
하나님께 나아가는 자는 반드시 그가 계신 것과
또한 그가 자기를 찾는 자들에게 상 주시는 이심을 믿어야 할지니라

- 히브리서 11장 6절 -

진짜 사랑하는지 모르겠어요

"하나님의 첫사랑을 느꼈던 때를 기억하나요?"
저는 뭐라고 답해야 할지를 몰라 '감사하기는 한데, 기도하다가 처음 눈물이 났던 날인가?' 하며 얼버무렸던 기억이 납니다.

저는 하나님의 사랑을 아주 천천히 알아갔던 것 같습니다. 어려서부터 교회를 다녔지만 날 사랑하셔서 독생자를 보내주셨다는 하나님의 마음이 와 닿지가 않았습니다. 교회에서 그렇다고 말하니까 그렇구나 하는 정도에 불과해서 하나님을 사랑한다는 고백도 할 수가 없었습니다. 어쩌다 사랑한다고 말할 수 있다 해도 그건 그냥 말일 뿐 진심이 없었으니까요.

연애를 시작하기까지는 서로 사랑을 느끼고 경험하며 확인하는 과정이 필요합니다. 하나님과의 관계도 이와 같았습니다. 지금까지 이겨낼 수 있었던 고된 순간들, 생각지도 못한 문제의 해결, 갖가지 경험으로 매일 조금씩 성장하는 나의 믿음을 통해 그분의 사랑을 알게 하셨습니다.

영혼 하나 없는 국어책 읽기 같은 고백에도 나의 마음에 당신의 사랑이 닿을 때까지 오랜 시간 계속해서 나를 이끄시고 인도하셨던 그 은혜로 인하여 이제야 진심을 다해 고백할 수 있게 되었습니다.

하나님은 날 많이 사랑하시며, 나도 하나님을 정말 많이 사랑한다고요.

"나의 은혜가 너의 마음에 가득 부어지며
나의 마음이 너의 마음에 온전히 닿아
나의 사랑을 느끼게 되는 날이
곧 오게 될 거란다."

사랑은 여기 있으니 우리가 하나님을 사랑한 것이 아니요
하나님이 우리를 사랑하사 우리 죄를 속하기 위하여
화목제물로 그 아들을 보내셨음이라

- 요한일서 4장 10절 -

하나님을 위해 목숨을 버릴 수 있을까요

성경에서 '좁은 문으로 들어가라'는 말씀을 보았을 때, 예수님을 위해 고문을 당하고 엄청난 고난을 받으며 목숨까지 바치는 제자들을 생각하니, 너무 두려워서 겁이 났습니다.

전 도저히 그 길을 갈 수가 없을 것 같았습니다.

그런데 순간 성경 속 베드로가 떠올랐습니다. 그는 자신의 목숨이 달린 문제 앞에서 예수님을 3번이나 부인하며 저주했습니다. 그러나 후에는 십자가에 거꾸로 매달려 순교하게 됩니다.

미리부터 겁먹을 필요가 없었습니다. 처음부터 내 힘으로는 감당할 수 있는 일이 아니었습니다. 목숨까지 바칠 수 있는 믿음을 주시는 건 바로 하나님이시기 때문입니다.

이제 저에게 좁은 길은 그리 어려운 길이 아닌 것 같습니다. 하나님은 지금도 끊임없이 나의 믿음을 단련하고 계시기에 지금 내가 있는 이 자리에서 하나님의 말씀대로 살려고 도우심을 구하며, 하나님께 영광 돌리며 사는 일에 집중한다면 그 모든 것이 좁은 길의 시작점일 것이기 때문입니다.

"나를 사랑하고, 내가 기뻐하는 삶을
살기 위해 노력하고 있다면,
그 모습이 바로 좁은 길의 시작이란다."

하나님을 사랑하는 것은 이것이니
우리가 그의 계명을 지키는 것이라
그의 계명들은 무거운 것이 아니로다
무릇 하나님께로부터 난 자마다 세상을 이기느니라
세상을 이기는 승리는 이것이니 우리의 믿음이니라

– 요한일서 5장 3, 4절 –

은혜가 충만했다가도 돌아서면 시험들어요

여름이 되면 온 교회가 수련회 준비로 한창입니다. 이번에 가서 "방언 받아야지!" "은혜 받고 성령 받아야지!" 하며 여러 은사와 은혜를 사모하며 기대합니다.

수련회 기간에는 모두가 눈물 콧물 흘려가며 하나님을 부르짖고 완전 새사람이 됩니다. 그러나 문제는 수련회 끝나고부터입니다. 화나는 일, 욱하는 일, 짜증나는 일들이 마구마구 몰려오기 시작하니까요.

수련회 기간뿐 아니라, 평소 은혜를 받았다 하면 며칠이 못 가 은혜의 충만함은 온데간데없이 사라집니다. 매번 반복되다보니 은혜를 받을 때면 감사하기보다 금방 사라질까를 염려하게 되었습니다.

그래서 하나님께서는 연약한 우리를 위해 성령님을 보내주셨고, 구하기만 하면 성령을 물 붓듯이 부어주시는 은혜의 시대를 살게 하셨습니다.

은혜받는 것을 제일 싫어하는 사탄은 계속해서 나의 약점을 공격할 것입니다. 그러나 지지 않길 기도합니다.

마르지 않는 하나님의 은혜로 싹 쓸어버릴 수 있도록 말입니다.

"자꾸 넘어진다 해도 낙심 말고
나의 손을 잡으렴.
마르지 않는 은혜의 파도가
너를 지켜줄테니."

죄가 너희를 주관치 못하리니
이는 너희가 법 아래 있지 아니하고
은혜 아래에 있음이라

- 로마서 6장 14절 -

이런 내 모습, 괜찮을까요

중학교 때부터 반주자와 주일학교 교사로 봉사를 했습니다. 처음에는 설렘과 감사로 가득 차 무척 열심히 했습니다. 조금씩 늘어가는 반주 실력과 직접 교구를 만들며 열심히 했던 공과 준비로 주위 사람들에게 칭찬을 듣기 시작했고, 그 칭찬에 열정이 더해져 봉사가 즐겁고 재미있게 느껴졌습니다.

그러나 같은 일을 반복하다 보니 어느새 지루함이 몰려왔고, 자리가 익숙해지니 준비도 대충하기 시작했습니다. 내가 드러나고 마음이 높아지면서 하나님의 은혜와 감사도 점점 잊혀져 갔습니다.

제가 했던 봉사는 하나님을 위해서가 아닌 나를 드러내기 위한 일이었습니다. 성경속 하나님의 일꾼들이 끝까지 사역을 감당할 수 있었던 것은 그들의 목적이 자기를 나타내려함도 아니고 사람을 기쁘게 함도 아닌 하나님을 기뻐함으로 했기 때문이었습니다.

저에게 있어서 봉사할 때 오는 짜증과 지루함은 내가 드러나고 있다는 신호입니다. 이 신호를 느꼈을 땐, 마음의 재정비가 들어가야 하는 때입니다. 내가 하고 있는 모든 일이 내 능력이 아닌 하나님이 공급하시는 힘으로 하는 것임을 기억하여, 높아진 마음이 은혜와 감사로 가득 차도록 말입니다.

"내가 네게 맡긴 일들은, 내가 주는 힘으로만이 할 수 있단다."

만일 누가 말하려면 하나님의 말씀을 하는 것 같이 하고
누가 봉사하려면 하나님이 공급하시는 힘으로 하는 것 같이 하라
이는 범사에 예수 그리스도로 말미암아 하나님이 영광을 받으시게 하려
함이니 그에게 영광과 권능이 세세에 무궁하도록 있느니라

- 베드로전서 4장 11절 -

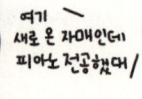

친구들은 교회 다녀도 주일에 놀러가던데요

평일엔 직장일로 바빠 친구들과의 여행이나 약속은 주말로 잡힐 때가 많았습니다. 그러나 주말마다 교회일로 바빴던 나로 인해 계속 약속이 틀어져 친구들에게 눈총을 받곤 했습니다.

간혹 친구들에게 한 번쯤은 예배를 빠져도 괜찮지 않느냐며 권유받을 때면 저 역시 '이때까지 잘 드렸는데 한 번 정도는 괜찮지 않을까', '하나님께서도 이해해 주시지 않을까' 하는 생각이 끊임없이 밀려왔습니다.

처음 예배에 빠졌을 땐 온갖 불편함과 죄스러움으로 안절부절 못했습니다. 그러다 이런저런 사정이 생길 때마다 한두 번씩 빠지기를 반복하다 보니 예배를 드리지 않는 것이 정말 아무렇지도 않게 느껴졌습니다. 결국은 예배를 드리는 것이 귀찮게 여겨지기까지 했습니다.

처음엔 불편했던 자리도 계속 가면 익숙해지듯이, 죄의 자리도 그런 것 같습니다. 그래서 하나님과 멀어지는 곳이라면 눈길도 주지 않으려 애를 씁니다. 어쩌다 한 번 넘어가게 되면 얼마 지나지 않아 반드시 두 번째도 찾아오기 때문입니다. 사탄이 그걸 노리고 있거든요. 넘어오기만 하면 세 번째부턴 훨씬 쉬워질 테니까요.

"사탄은 네가 원하고 바라는 것에서부터 미혹을 시작한단다. 그러니 매일 나의 말을 마음에 심어 뿌리 깊이 내려 놓으렴. 절대 흔들리지 않도록 말이야."

모든 지킬 만한 것 중에 더욱 네 마음을 지키라
생명의 근원이 이에서 남이니라

- 잠언 4장 23절 -

〈다음 날〉

〈그 다음 날〉

왜 이단에 빠질까요

예배가 끝난 뒤엔 언제나 그랬듯이 친구들과 모여 담소를 나눕니다. 그러다 새로운 사람을 발견하면 그저 잠깐의 담소거리일 뿐 별 관심을 두지 않습니다. '누군가 챙겨주겠지' 하면서 말입니다.

결국 그 사람은 얼마 못 가 교회를 나가버리고 맙니다. 처음만 반짝 관심을 보이고 나 몰라라 하는 사람들 사이에서는 언제나 백년손님 같은 불편한 자리였을 테니까요.

길을 다니다 보면 사람들에게 다가가 힘든 삶을 공감하며 위로를 전하는 이들을 종종 봅니다. 그들은 집집마다 문을 두드리며 필사적으로 무언가를 전하기도 합니다. 바로 진리를 왜곡하는 자들입니다. 그들은 누구보다 친절하게 다가와 마음을 나누며 사람들에게 거짓된 희망을 심어 놓습니다.

저는 이제까지 그들에게 성도를 빼앗겼다 말했지만 어느 경우엔 나와 같은 무관심한 태도가 성도를 떠나보내고 있다는 생각이 들었습니다. 나만 신앙생활 잘하면 그만이라는 이기적인 마음으로는 위로가 필요해 찾아온 사람들을 포용할 수 없을 테니까요.

하나님께서 말씀하신 이웃 사랑과 복음 전파가 나의 삶에서도 이루어지길 소망합니다. 적어도 용기내어 찾아온 이들만은 놓치지 않길 기도합니다. 그들은 하나님께서 내게 보내신 귀한 형제자매니까요.

"세상에 나를 왜곡하고 미혹하는 자들은 점점 더 많아질 거란다. 나의 안에 거하여 네 거룩한 믿음을 지키며, 너를 통하여 복음의 열매 맺힐 기회를 놓치지 않길 기도하렴."

하나님의 사랑 안에서 자신을 지키며 영생에 이르도록
우리 주 예수 그리스도의 긍휼을 기다리라
어떤 의심하는 자들을 긍휼히 여기라
또 어떤 자를 불에서 끌어내어 구원하라 또 어떤 자를
그 육체로 더럽힌 옷까지도 미워하되 두려움으로 긍휼히 여기라

- 유다서 1장 21~23절 -

하나님은 실수하지 않으신다네

내가 걷는 이 길이 혹 굽어도는 수가 있어도
내 심장이 울렁이고 가슴 아파도

내 마음속으로 여전히 기뻐하는 까닭은
하나님은 실수하지 않으심일세

내가 세운 계획이 혹 빗나갈지 모르며
나의 희망 덧없이 스러질 수 있지만

나 여전히 인도하시는 주님을 신뢰하는 까닭은
주께서 내가 가야 할 길을 잘 아심일세

어두운 밤 어둠이 깊어
날이 다시는 밝지 않을 것 같아 보여도
내 신앙 부여잡고 주님께 모든 것 맡기리니
하나님을 내가 믿음일세

지금은 내가 볼 수 없는 것 너무 많아서
너무 멀리 가물가물 어른 거려도
운명이여 오라 나 두려워 아니하리
만사를 주님께 내어 맡기리

차츰 차츰 안개는 걷히고
하나님 지으신 빛이 뚜렷이 보이리라

가는 길이 온통 어둡게만 보여도
하나님은 실수하지 않으신다네

Copyright ⓒ 최용덕. Administered by CAIOS.
All rights reserved. Used by permission.